compass

コンパス
子ども理解
—エピソードから考える理論と援助—

編著：上田敏丈・香曽我部 琢

共著：飯島典子・伊藤恵里子・上村　晶・遠藤　綾
　　　荻原はるみ・勝浦眞仁・勝野愛子・永井久美子
　　　永井靖人・中村聖子・藤田清澄・水谷亜由美
　　　山本一成・湯澤美紀

建帛社
KENPAKUSHA

はじめに

　みなさんがご存知のように，2017（平成29）年に幼稚園教育要領，保育所保育指針，幼保連携型認定こども園保育・教育要領が改訂（改定）されました。この改訂（改定）は，おそらく戦後二番目の大きな変化であったように思います。一つは，幼稚園，保育所，認定こども園の少なくとも幼児に対する教育が統一されたことです。またもう一つは，幼児期から小学校，中学，高等学校までを「主体的・対話的で深い学び」という概念で，一本化したことでしょう。この変化によって，これからの保育現場も，保育の方法を改めて問い直し，変わっていくこと（あるいは変わらなければならない）でしょう。

　しかしながら，一方で保育を行う上で変わらないこともあります。それは保育という営みの中で，本質的，中心的，根源的なものであろうと思いますが，これから保育者（幼稚園教諭・保育士・保育教諭をいう）になることを志す皆さんにとっては，眼前の「子どもを理解する」ことは，その最たるものだろうと思います。

　ここでいう「子どもを理解する」こととは，映画やドラマでよく見られるような方法で，子どもの内面をわかった気になることではありません。保育者として「子どもを理解する」こととは，その場にいる子どもに心を寄せ，時空間を共有することで感じられることを手掛かりに，その子の営みを読み解くことなのです。

　本書は，保育現場での子どもの営みを物語としてとらえ，それを理解しようとする試みを「子ども理解」とした上で，実際に保育者として必要な「子ども理解力」の基礎・基本から，エピソードを通して理解力を高められるように構成しました。保育者としての皆さんの物語は，まだここから始まったばかりです。本書で学んだことが学び続ける保育者としての土台の一助となれば幸いです。

　2021年4月

編者　上田敏丈

目　　次

第1章 子ども理解から始まる物語

1 本書のねらい

　「教育」という場を考えてみよう。これは「教える」教育者と「教えられる」学習者という2者によって成立する場である。ここには，学習者が知らない知識や技術を，知っている教育者が伝達するという権力関係にある。このような視点に基づく研究は教育社会学を中心に実に多く存在する（有名なところでいえば，メーハンのIRE等があげられよう[1]）。この関係性の中で，例えば小学校教師は，45分や50分といった区切られた時間の中で，予め想定した学習内容の修得を「ねらい」として，授業を構成し進めていく。したがって，ここには「学習すべき内容」があり，そのための「授業の計画」があり，それを踏まえて実際に「授業」を展開していく力量が求められるだろう。

　翻って，保育という場を考えてみよう。就学前施設（幼稚園・保育所・認定こども園をいう）で行われている保育の営みは，「環境を通して行う」ことが原則である。そのために，保育者（幼稚園教諭・保育士・保育教諭をいう）は「幼児一人一人の行動の理解と予想に基づき，計画的に環境を構成する[2]」ことが求められる。この「幼児一人一人の行動の理解と予測」すること，つまり，「子ども理解（the Understanding of Children）を起点として，「計画的に環境を構成する」保育計画（Design）し，実際に保育を行い（Do），振り返り（Reflection），次の子ども理解へとつなげることを，UDDRの循環モデルとしてとらえることが重要である[3]。

　本書は，UDDRモデルとして保育を考えていく上で，最も土台であり，起点となる「子ども理解」に焦点をあて，その理論的枠組と具体的な方法の解説，また，様々なエピソードを通して，保育者にとって必要な「子ども理解」の実践的知識を学修することをねらっている。

1) Mehan, H., *Learning Lessons: Social Organization in the Classroom*, Harvard University Press, 1979.

2) 文部科学省『幼稚園指導要領』（第1章第1），2017.

3) 中坪史典・香曽我部 琢・後藤範子・上田敏丈，「幼児理解から出発する保育実践の意義と課題－幼児理解・保育計画（デザイン）・実践・省察の循環モデルの提案－」,子ども社会研究，17号，2011，pp.83-94.

2　物語として子どもを理解すること

4）　文部科学省『幼稚園指導要領』（第1章第4　4），2017.

5）　文部科学省『幼稚園指導要領』（第1章第4　4），2017.

では，どのように保育者は，「子ども理解」を行えばよいのだろうか。幼稚園教育要領には「幼児一人一人のよさや可能性などを把握」することの必要性が記されている[4]。だが，これは，A児はこれが得意，B児は○○がよくできる，という「できる－できない」の枠組みでとらえることではない。これは「他の幼児との比較や一定の基準に対する達成度についての評定[5]」であり，子ども「理解」ではなく「評価」であろう。保育という文脈において，保育者が子どもを理解するという行為はどのように行われるべきなのか。本書では，この「子ども理解」を子ども一人一人のライフを物語のように，保育者がとらえ，理解し，実感できるものとして考えていきたい。

6）　やまだようこ編著『人生を物語る－生成のライフストーリー』ミネルヴァ書房，2000，p.3.

子ども一人一人のライフとしての「物語」とはどのようなことだろうか。やまだは，物語とは「2つ以上の出来事（event）をむすびつけて筋立てる行為[6]」であり，「静的な『構造』や『形態』としての筋ではなく，語りがたえずつくられ組み替えられるライヴ（生きた）生成プロセス[6]」ととらえている。このやまだの指摘は，まさに保育者が目の前の子どもを理解しようとするプロセスと重なるだろう。ライフとしての物語という枠組みで，子どもを理解することは，動的に子どもの思いや思考に立ち返り，理解し続けようとする心持ちなのである。

このように，保育の起点となる「子ども理解」を「一人一人のライフとしての物語」ととらえようと考える理由は，以下のような現在の保育学を取り巻く状況によるものである。

7）　経済協力開発機構（OECD）編著『社会情動的スキル－学びに向かう力』明石書店，2018，p.52.

第一に，近年の非認知能力への関心の高まりがあげられる。非認知能力（社会情動的スキル）とは，「目標の達成（忍耐力，自己抑制，目標への情熱）」「他者との協働（社交性，敬意，思いやり）」「情動の制御（自尊心，楽観性，自信）」のことであり[7]，2017（平成29）年の幼稚園教育要領，保育所保育指針，幼保連携型認定こども園教育・保育要領の改訂（改定）後，特に幼児期の教育において着目されてきている。この非認知能力は，数値化しにくい能力であり，また，子どもが活動に取り組んでいる最中に見えるものである。したがって，この一人一人の子どもの非認知能力の育ちを保育者がとらえるためには，何ができたか，という結果としての幼児の姿だけではなく，その結果に向かっていく一人一人の頑張りや試行錯誤，葛藤も含めて，プロセスとしてとらえることが重要であり，その子の遊びや活動を一人一人のライフとしての物語ととらえていかなければならない。

　第二に，モス（Peter, M.）の「保育の質を超えて」という指摘があげられる。「保育の質」という支配的な言説について，モスは「質」とは主観的で価値に基づくものであり，多様性を受け入れ，包摂することができないことを指摘している。また，この支配的な「質とハイリターンの物語」に対して，保育実践の場でこそとらえられる微視的で多彩な「物語」こそが，保育を語り，子どもを理解する上で重要であると述べている[8]。

　第三に，保育者としての「実感」をどのようにとらえられるか，ということである。筆者は，2012（平成24）年より，有志の保育者と「遊びの物語研究会」を開催してきている。この研究会では，保育者が自分の行った保育実践を報告し，実践の感想を共有するものである。研究会の報告の中で子どもたちの遊びを物語としてとらえ，再構成していく中で，保育者が自身の保育で大事にしている価値観や哲学，また，子ども理解での悩みや異なる解釈が提示されることを経験してきた。

　ここには，研究者である筆者が，研究的な視点で保育実践をとらえようとする枠組みとは異なり，一人一人の子どもに寄り添った，保育者の「実感」としての物語が提示されてきていた。この研究会で保育者が感じる実感こそが，保育を行う中で，子ども一人一人のライフを物語としてとらえ，同時に保育者自身も実践を振り返ることで，新しい子ども理解が生成されていく原動力となっていた。このような動的なプロセスこそが保育を行う上で生起していくことが，次の日の保育を行う上で重要なのである。

　以上のことから，保育の起点である子ども理解を学ぶための書籍として，子ども一人一人のライフとしての物語，という視点から子どもを理解することの重要性を鑑み，本書を構成するに至ったのである。

8）　ピーター モス「新しい保育の物語」発達，162，2020，pp.8-14.

コラム　　　子ども一人一人のライフとしての物語

　「子ども理解」を進めて行く上で，子ども一人一人のライフとしての物語と，保育を読み取っていくとはどのようなことだろうか。次の事例に基づきながらみていきたい。

事例　年長児による話し合い

　ある保育園の年長組では，ほぼ毎日，話し合いの時間がもたれている。話し合いの内容は，その日によって異なり，その日の遊びのこと，遊びの中で困ったこと，行事について等，様々な話題が取り上げられている。

　9月のある日。いつものように，子どもたちは椅子を持ち寄り，車座になる。担任と加配の先生もこの車座の中にいる。この日の話し合いでは，最近，年長組でブームとなっているドッヂボールについてであった。

　担任の先生が，ドッヂボール楽しかったね，と投げ掛けると，みんなが口々に「楽しかった」と感想を話し始める。女児のひとり，A児がドッヂボールのチームを変えた方がよいことを提案した。先生がその理由を尋ねる。

　A　児「Bちゃんがいるから。大きい人だし」

　保育者「そっかー，Bちゃん6歳だからかー。Aちゃん，まだ5歳だもんね」

　A児が年齢の違いから，ドッヂボールの強さの違いに気付いたことから，6歳がクラスに何人いるか，5歳が何人いるかを数え始めた。

　A児は，6歳が半分になって，5歳が半分になって，わかれたらいいと主張する。ところが，そこにC児が，6歳と5歳とでわかれたらいいと主張し始めた。なぜなら，6歳になっている子は9名であり，5歳は14名いるからだ。

　話し合いは，このチーム分けをめぐって，さらに進んでいくのだが，最終的に，それぞれのチーム分けで，試してみることで，意見がまとまった。

　この事例からは，ドッヂボールのチーム分けで，誕生月による発達の違いに気付いたA児と，人数の差に気付いたC児，それぞれの思考の違いが読み取れるだろう。同じドッヂボールのチーム分けというテーマを話し合う中でも，幼児一人一人の思考プロセスの違いがある一方，全体で話し合っていく中で，その違いをどのように検証すればよいのか，という合意形成のプロセスもまた読み取れる。

　ここで保育者は，A児とC児，どちらの考えが正しいのかを判断することではなく，それぞれの子どもの思考プロセスの違いを踏まえた上で，次にどうすればよいのかを，子どもと共に考えていくことである。

　保育における子ども理解とは，このように一人一人の幼児を理解すると同時に，次の日の保育の計画とも結び付き，ダイナミックに展開していくための土台なのである。

第2章 子ども理解の理論的枠組み

本章では，保育現場における保育者（幼稚園教諭・保育士・保育教諭をいう）の子ども理解の意義について解説する。特に，子どもを理解していく上で必要な理論枠組みを学ぶことを通じて，保育現場で求められる子ども理解の在り方について考えを深めることを目的とする。

1 保育の営みにおける子ども理解の位置付け
－ 子どもを理解することの意義 －

保育の営みにおいて，子ども理解は保育の出発点としてとらえられており[1]，「保育実践は，子ども理解に始まり，子ども理解を節目としながら，子ども理解を深めていくプロセスである」といえる。子どもの成長を促すために，保育者は何の活動をするかという「初めに活動ありき」の発想ではなく，目の前の子どもの興味・関心や願い等の機微を見つめて「初めに子どもありき」で保育をデザインしていくことが求められる。

1) 文部科学省『幼児理解に基づいた評価』2019，p.3.

（1）幼稚園教育要領等にみる「子ども理解」とは

さて，保育実践において「子どもを理解すること」とは，どのような意味を指しているのだろうか。幼稚園教育要領の第1章総則では，「（1）指導の過程を振り返りながら幼児の理解を進め，幼児一人一人のよさや可能性などを把握し，指導の改善に生かすようにすること。その際，他の幼児との比較や一定の基準に対する達成度についての評定によって捉えるものではないことに留意すること[2]」や，「（2）評価の妥当性や信頼性が高められるよう創意工夫を行い，組織的かつ計画的な取組を推進するとともに，次年度又は小学校等にその内容が適切に引き継がれるようにすること[2]」と示されている。この点に関して，以下3つの重要点を押さえておきたい。

2) 文部科学省『幼稚園教育要領』（第1章第4 4），2017.

まず,「子ども理解とは,個々のよさや可能性を肯定的に見いだそうとすること」を保育者自身が意識する重要性である。子ども同士を比較して優劣を判断したり到達度を見きわめたりせず,個々の子どもに潜在している可能性を丁寧に見取ることが求められる。そのため,「全体を俯瞰する視点」と「細部を深掘りする視点」の双方を保育者がもち合わせながら,一人一人の子どもを肯定的に理解していくよう意識したい。

次に,「瞬時の見取りだけでその子の全てを物語れるものではない」と自覚することである。家庭でしか見せない姿や信頼できる人にしか見せない姿を想定すると,保育者が理解したと感じた子どもの姿は,その子の一部分にしか過ぎないといえよう。よって,同僚や保護者等,多様な人々と子どもについて語り合いながら,子ども理解の信頼性や妥当性を高めていく必要がある。

最後に,「保育の専門家として子どもの成長を適切に引き継ぐこと」である。クラスや就学前施設（幼稚園・保育所・認定こども園をいう）が変わっても,子どもの成長は止まることなく続いていく。そのため,次年度の保育者への引継ぎだけでなく,小学校教師への要録*1を通じた引継ぎ等も含め,保育者が一人一人の子どもの成長に責任をもって共有・引継ぎを行うことが重要である。

（2）多様な研究知見にみる「子ども理解」とは

上述のように,保育の営みにおける子ども理解とは,他児との比較や一定水準への到達度を通じて子どもの行動を分析・解釈することではなく,子どもと直接的に関わり合う中で,一瞬一瞬の子どもの姿や心情に配慮しながら,子どものよさや可能性を見いだしていくことであるといえる。この点に関連して,多様な研究における知見を以下紹介する。

例えば,津守は,「他者の体験の内奥の真実に関心を寄せる保育者が,他者の体験を理解するに至るのは,他者との共同の生活においてである[3]」と園生活での子どもとの日々の関わり合いを基盤とした上で,「実践における理解と省察における理解を通して,何度も私（保育者）が変化し,自らの世界を広げるという幾重もの転換と時間をかけることによって,子どもの世界を理解するに至る[3]」と述べている。保育者自身への理解や変化の試みなしでは子どもの理解はあり得ないとし,子どもの内面世界を理解していくためには,保育者自身の在り様を自覚し変化させる等の問い直しを重視している。

また,「子ども理解はあくまで暫定的なものであり,長期的な関わり合いの中で子ども理解は常に再構成され更新されていく[4]」という見解や,「保育者によって見せる子どもの姿は異なることから,理解とは双方向的かつ一時的なものであり,常に更新されていく[5]」という知見もある。このように,子ども

*1　幼稚園幼児指導要録・保育所児童保育要録・幼保連携型認定こども園園児指導要録など名称は多様であるが,5歳児終了時の段階では「幼児期の終わりまでに育ってほしい姿」に照らし合わせながら子どもの姿を記し,小学校へ送ることが共通している。詳細は,巻末資料（p.130～）を参照。

3)　津守真『子どもの世界をどう見るか 行為とその意味』NHKブックス,1987,p.192.

4)　岡田たつみ「『私の中のその子』とのかかわり方」保育学研究,43（2）,2005,pp.73-79.

5)　田代和美『幼児理解と保育援助』建帛社,2010,pp.35-44.

理解の一時的な不確実さを認めつつ，子どもの姿を常に更新させながら，長期的な展望を見据えて子どもを理解していく必要がある。

　さらに，子どもを理解する際の根底として，「子どもの行為を自身の保育行為と関連付けて理解しようとする志向性[6]」や，「子どものよさを絶えず意味付けようとする価値志向性[7]」等，保育者自身が子どもを理解しようとする際の意識も重要である。以上の見解を整理すると，保育者自身の問い直しや根底としての意識を重視しつつ，子どもと直接的に関わり合う中で，子ども理解は絶え間なく変容し続けていくといえよう。

2 子ども理解の視点
―どのような事象に目を向け，子どもを理解するか―

　さて，保育現場で実際に子どもを理解しようとする際，保育者は子どものどのような側面に目を向けるだろうか。本節では，子どもを理解していく上で，子どもの情報収集の際に着目する「視点」に関する研究知見を整理した上で，以下の4つの視点を紹介する（図2－1）。

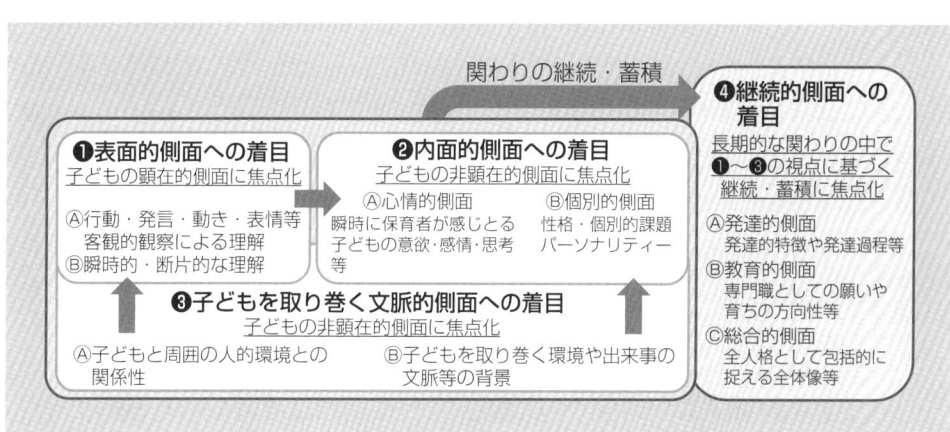

図2－1　子どもを理解する際の視点（筆者作成）

（1）表面的側面への着目　―見える世界から理解する―

　1つ目は，子どもの行動・表情・言動や瞬時の断片的な行為や仕草等，表面的に顕在化した子どもの情報に関する「表面的側面への着目」である[8]。これは，瞬時に保育者が視覚的にとらえた行為が多いため，断片的な理解に留まってしまい硬直化する傾向も指摘されている[9]。また，保育現場では客観的に子どもを見つめて発達や心情をとらえる観察や記録が重視される傾向があり[10]，様々な角度からの観察を通じて多様な気付きが得られるといえる。

6）吉村　香・田中三保子「保育者の専門性としての幼児理解－ある保育者の語りの事例から－」乳幼児教育学研究, 12, 2003, pp.111-121.

7）池田隆介「日常の保育実践における保育者の子ども理解の特質－保育者が子どもを解釈・意味づけする省察の分析を通じて－」保育学研究, 53(2), 2015, pp.6-16.

8）佐藤有香・相良順子「保育者の経験年数による『幼児理解』の視点の違い」日本家政学会誌, 68 (3), 2017, pp.103-112.

9）渡辺　桜「保育者に求められる子ども理解－子ども理解の様々な視点と基本的特性－」愛知教育大学幼児教育研究, 9, 2000, pp.27-32.

10)　高嶋景子・砂上史子・森上史朗編『最新保育講座 3　子ども理解と援助』ミネルヴァ書房，2011．pp.64-64.

11)　蘇珍伊，他「保育・幼児教育現場における保育者の子ども理解の視点と研修ニーズ」中部大学現代教育学研究紀要，2，2008，pp.105-112.

（2）内面的側面への着目
－ 見える世界から見えない世界を理解する －

　2つ目は，子どもの心情や性格等の子どもの内面に関する「内面的側面への着目」である[11]。非顕在的な見えない世界を理解しようとする視点であり，個々のよさや可能性を見いだそうとする保育現場では，大変重要視されている。これは，客観的にとらえた子どもの行為や表情等を手掛かりに，瞬時に保育者が感じ取った子どもの意欲・感情・思考等の「Ⓐ　心情的側面」と，性格・パーソナリティー・個別的課題等，多様な子どもの姿から個性を総合的にとらえる「Ⓑ　個別的側面」に大きくわけられる。また，子どもの立場に身を置いて気持ちをわかろうと意識的に努力する「子どもサイドからの理解」は，子どもの内面的理解と個別的理解を深めることにつながるといわれている[12]。

12)　志賀智江『幼児理解促進のための教師教育に関する研究』風間書房，2001．pp.150-156，pp.171-190.

（3）文脈的側面への着目
－ 子どもを取り巻く環境と関連付けながら理解する －

　3つ目は，子どもを取り巻くその時々の状況や背景となる出来事，周囲の人間関係，家庭や成育歴等の発達等，非顕在的な子どもの多様な環境や背景などに目を向けて多角的にとらえていく「文脈的側面への着目」である[13]。これは，保育者・子ども同士・保護者等，人間関係や個と集団の関係等の「Ⓐ　子どもと周囲の人的環境との関係性」と，地域・社会環境・家庭環境・保育環境・出来事の流れや文脈などの「Ⓑ　子どもを取り巻く環境や出来事の文脈等の背景」に大別され，子どもを様々な方向から多角的に理解するために，多様な文脈的状況を補完しながら，より総合的に子どもを理解していく視点である。

13)　8）と同じ.

（4）継続的側面への着目　　－ 長期的な展望の中で理解する －

　最後は，上記（1）～（3）の様々な側面への着目により取得した子どもの情報を継続的に蓄積することで，子どもを全体的・包括的に理解しながら子ども理解の再構成と深化を促す「継続的側面への着目」である。これは，子どもと長期的に関わり合うプロセスの中で，新しい気付きや情報の書き足しにより再構成・更新しながら変容するととらえられている[14]。具体的には，発達的特徴や発達過程の程度など成長や発達に関する「Ⓐ　発達的側面」，専門職としての子どもに寄せる願いや育ちの方向性等の「Ⓑ　教育的側面」，全体像として子どもを総合的に理解していく「Ⓒ　総合的側面」が含まれ[15]，その子自身を包括的・長期的にとらえながら全体的な理解へつなげる視点である。

14)　9）と同じ.

15)　12）と同じ.

3　子ども理解の実践的アプローチ
－ どのような方法で，子どもを理解していくか －

　続いて，前述の視点で得られた情報を手掛かりに，子どもをどのように理解していくかという「方法（アプローチ）」についても解説する。

（1）客観的アプローチ
－ 子どもを対岸に置いて理解を深める －

　まず，観察に基づいて記録を綴る・子どもの行為の意味を見いだす等，客観的に子どもを理解しようとする「客観的アプローチ」（図2−2）がある。直接関わっている際には気付けなかったことも，一歩離れて客観的・第三者的な立場から特徴的な子どもの姿を観て洞察したり，その意味を解釈・判断したりする方法である[16]。この場合，子どもを対岸に置いた理解の仕方に傾倒しやすく，「理解される対象（客体）としての子ども」と「理解する保育者（主体）」という構造が生じやすいが，子どもを

図2−2　客観的アプローチ

丁寧に見取りながら洞察・解釈していく過程は，保育実践における即時判断に必要な観察力や洞察力を磨くことにつながるといえよう。

（2）共有的アプローチ　－ 他者と共に理解を深める －

　次に，同僚との話し合いを通して，保育者個人の子ども理解を多様な他者の見解と交流させて共有しようとする「共有的アプローチ」（図2−3）がある。特にカンファレンス[*2]は，個々の子どもの特性等の「個性的理解」を深めると同時に，他者と交流することでその子ども理解を共有する「共通理解」を深めることができる場であり[17]，特に保育者の語りを傾聴する他者がいることで，保育者の見方が転換され，子ども理解が変容していくといわれている[18]。具体

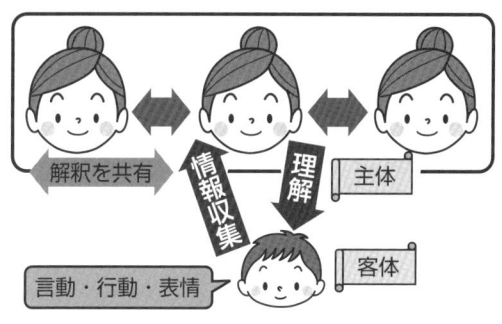

図2−3　共有的アプローチ

16)　9）と同じ.

*2　カンファレンス
　複数の参加者で事例を検討し合う取組みを指し，保育中には気付けなかった子どもの些細な心情の変化に気付ける，思い込みや決めつけ等を多様な視点から見直すことができるなど，多声的な省察を促すことが可能となるといわれている。詳細は第7章，p.57を参照されたい。

17)　田中孝彦『子ども理解−臨床教育学の試み−』岩波書店，2009,
pp.127-135.

18）豊田和子・榊原菜々枝「保育者が語る『幼児理解』に関する傾聴を主とした実践的研究の試み」桜花学園大学保育学部研究紀要，2013，11，pp.63-81.

19）高濱裕子『保育者としての成長プロセス-幼児との関係を視点とした長期的・短期的発達-』風間書房，2001，pp.35-71.

20）川﨑徳子「『こころもち』に関する一考察-『こころもち』から『子ども理解』を深めるために-」山口大学教育学部研究論集，60，2011，pp.77-88.

21）田代和美「『子どもの思いを理解したい』と務める保育者の専門性とは-B.ヴァルデンフェルスの『垂直の次元』と『水平の次元』および『間の領域』の視点から問い直す-」大妻女子大学家政系研究紀要，51，2015，pp.57-64.

22）橋川喜美代「保育における評価としてのラーニング・ストーリー -ラーニング・ストーリーに見る子どもの心の動きと保育者の子ども理解-」兵庫教育大学研究紀要，46，2015，pp.11-20.

的には，保育者研修等でVTR映像を活用したビデオカンファレンスや，同僚保育者との語り合い等があり，他者の見解を交えながら共通性と相違性を見いだすことで，より多角的に子どもを理解していくことができる。

（3）相互的アプローチ
－ 私とその子の関係の中で理解を深める －

最後に，保育者が子どもと直接的に関わり合う中で互いに理解を深めていく「相互的アプローチ」（図2-4）がある。これは，子どもを客体化せず一人の主体として尊重しつつ，保育者と子どもの関係の中で相互理解を深める方法であり[19]，子どもの心もちに触れたり味わったりしながら情感的・共感的に感じ取ろうと意識すること[20]や，子どもへのわからなさに戸惑った際も，子どもを保育者とは異なる存在として尊重しながら対話的に関わり合う中で，子どもと保育者が一緒に「わからなさ」という敷居を横断していくこと[21]等，互いの情動を通わせ合うことを重視している。

また，長期的な子どもとの関わり合いの中で物語として理解しようとする方法もある。例えば，ラーニング・ストーリー等の「学びの軌跡」「体験の物語化」に基づき子どもの遊びや生活の連続性を重視したり[22]，保育者が感受性を高めつつ様々な子どもの言葉に関心をもち続け，共鳴・傾聴しながら物語的に理解したりする方法[23]等，子どもの姿を「物語」として連続的・未来展望的にとらえながら理解していくことも大切であると考えられている。

図2-4　相互的アプローチ

4 保育者と子どもの関係性の中で生じる"わかり合い"を目指して
－「子どもをわかる」から「子どもとわかり合おうとする」への発想転換 －

最後に「保育者と子どもの関係性の中で生じる"わかり合い"」に焦点を当てた子ども理解の在り様について触れておきたい。

鯨岡は，保育者も子どもも互いの主体を尊重し合う相互主体的関係の中で

「二者の身体間で相手の思いが直接的に滲み込む・響き合うことにより（私に）わかる[24]」という通底的・浸透的なわかり方を重視している。また室田も，目に見える子どもの行動を対象化し評価・記録する「理性的理解（しる）」と，目には見えない子どもの思いを主観的・情動的な感性的コミュニケーションに基づいて感じ取る「感性的理解（わかる）」に子ども理解を大別し，保育者と子どもの双方に"わかる"が起きるような"わかり合い"を重視している[25]。

　これらの見解を踏まえると，仮に多様な視点やアプローチを保育者が駆使して，子どもを取り巻く数多くの情報を収集・把握したとしても，「子どもを理解した」と断言することはできないであろう。それはあくまで保育者側からの一方向的な理解に過ぎず，仮にその子の集約されたデータを1冊の分厚いパーソナルカルテとして保育者が全て記憶できたとしても，子どもにとっては直接的な意味をなさない。保育現場で求められる子ども理解とは，単に子どもの行為を分析・解釈するのではなく，子ども自身が「保育者にわかってもらえた」と感じられるような関係の中で，信頼感と安心感に満たされながら自己発揮していくことが重要である。そのためには，「保育者（主体）が子ども（客体）をわかる」という発想から「保育者（主体）が子ども（主体）とわかり合おうとする」へと転換し，「保育者の子ども理解」と同様に「子どもの保育者理解」があることも前提としながら，両者の理解が共鳴し互いに織り重なり合うような"わかり合い"を目指して関係を築いていくことが重要であるといえる[26]。

　子どもの内面世界は，未知性と不確実性を帯びた豊かな世界であると同時に，保育者のまなざしや関わり方によって，保育者と子どもの関係性は常に変容していく可能性がある。よって，どのような瞬間でも「完全な理解」というものは存在しないことを自覚した上で，目の前の子どもを尊重しながら，常に子どもとわかり合おうとし続ける大切さを意識しておきたい。

🌼 演習課題

課題1：あなたが「子どもがわからない」と感じる瞬間はどのような時かを考えてみよう。

課題2：その際，「その子は私のことをどのように思っているか」について想像してみよう。

課題3：「どうしたらこのわからなさを克服していけるか」について，話し合ってみよう。

23)　鈴木卓治「子ども理解の深化へ向けた物語論的アプローチに関する一考察-語り（Narrative）に着目した事例解釈の検討-」大阪成蹊大学芸術学部紀要, 9, 2013, pp.28-31.

24)　鯨岡峻『子どもは育てられて育つ：関係発達の世代間循環を考える』慶應義塾大学出版会. 2011. pp.296-315.

25)　室田一樹『保育の場で子どもを理解するということ-エピソード記述から"しる"と"わかる"を考える-』ミネルヴァ書房, 2016, pp.3-21.

26)　上村晶「初任保育者が子どもとわかり合おうとする関係構築プロセス」保育学研究, 2016, 54 (2), pp.71-82.

コラム　　初任保育者にみる子ども理解のゆきづまりとは

憧れの保育者になって子どもとの関わり合いを築いていく1年目の保育は，色々な発見もあり幸せな日々の連続です。しかし，時には様々な側面から子どもを理解しようと試みても，「この子のことがわからないな…」と戸惑ったり混乱したりする瞬間に遭遇することもあり，特に初任期には，子どもへの「わからなさ」が増大しやすいと考えられています。

このように，子どもに対してわからなさを感じて混沌とした状況に陥る「子ども理解のゆきづまり」は，初めて直面した暴言や突発的行為等の子どものネガティブな姿や，従来とは異なる想定外の子どものネガティブな姿に直面した際に感じやすいと思われがちですが，実は初任保育者の場合，「従来とは異なるポジティブな子どもの姿」に遭遇した際にも「わからなさ」を感じることがあります。

【X先生（初任1年目）とA児（2歳男児：7月生まれ）の7月期の事例：「ダメ！」】
　電車遊びの時，私のエプロンをぎゅっと掴んだA児。他の子が私と自分の間に入ってくるのを「ダメだよ！」と言って拒む。その日以降も，他の子が入ってこようとすると「ダメ！」と言って独占しようとする。

【7月期の語りから（一部抜粋）】
　ダメって言ってきた時，「なんでダメなの？」って聞いても何にも言ってくれないから，一瞬「何で？」って思って…。わりと深く関わってきたから，独占欲というか，とられたくないと思っているのかな…って。うれしいけど，イヤじゃないけど，一瞬戸惑っちゃって。結局，自分に自信がないから，何で近づいてきてくれるのかわからないし，「本当にそうなの？」って思っちゃって。本当に「何で？」「でもでも…」って，「私のことをわかってくれている」よりも先に「何で？」が浮かんじゃって…。（略）私も堂々巡りになっちゃって，うれしさはあるけど，多分「何で？」の旅に出ちゃったから，うれしいけど1回そうやって考えちゃったっていうことは，素直にわかり合えたって言えないかな…って，グルグル考えちゃって。

X先生は，4月当初はA児に言葉掛けが届いていないように思いつつ，働き掛けの難しさを感じていました。しかし，7月に入って急に，他の子を遮って X先生を独占しようとするA児の姿が見られたため，「何で？」「本当に？」等，理由を探して混乱に陥ってしまいました。その裏側には，「自分に自信がもてない」という自信のなさや「Aくんの本心がわからない」という戸惑いが影響していたようです。

このように，子どものポジティブな姿でも理由や正解を探し求めてしまうと迷走してしまうこともあります。純粋に子どもの気持ちをストレートに受け止めたり，お互いの気持ちを共有したりすると，"わかり合い"が生まれるきっかけになるかもしれないですね。

第 3 章 子ども理解から始まる 保育の計画

本章では幼稚園教育要領，保育所保育指針，幼保連携型認定こども園教育・保育要領における計画の位置付けから，実際の保育現場における子ども理解，そして子ども理解を基にした計画までどのようにつなげていくのかについて紹介していく。その中で実例も紹介しながら子ども理解と保育の計画の関係性について取り扱っていく。

1 保育の起点としての子ども理解

「子どもと関わる際にはその子どもを理解した上で関わるべきであり，子どもを理解しないままに関わるべきではない」。これは筆者が養成校での学生時代に当時保育の現場で働く実践者に掛けられた指導の言葉である。この言葉は現在の筆者自身が養成校で学生に指導をする中でも常に考えさせられる言葉である。子どもを理解するためには子どもと関わらなければわからない。しかし，単純に関わるだけでは子ども理解を深めることはできない。これは保育の起点として子ども理解を位置付けることの大切さを伝えている言葉であると考えることができる。この章ではその大切さについて考えてみたい。

子ども理解の重要性

保育において子ども理解が大切だということは言うまでもない。今井は保育における記録について「保育者にとって大事なできごとというのは，保育の中でとらえた子どもの姿や育ち，人との関係性や活動の展開，それらのことから見出したさまざまな疑問や発見，感動など」であると述べている。その上で「それを書くことによって，子どもの実態をより深く見つめ，省察し今後の保育の計画につなげていくことができる」としている[1]。つまり保育者が日々の保育の中で感じ取っている様々なことを記録し，その記録を基に子ども理解を

1) 今井和子『保育を変える　記録の書き方　評価のしかた』ひとなる書房，2009，p.12.

深めていく。またその理解を基に計画につなげていくのである。

3 法令における子ども理解

2)　文部科学省『幼稚園教育要領解説』〔第1章 第4節 1 (1)〕, 2018.

前述したように，子ども理解が保育の計画につなげる上でも非常に重要であることがわかる。では 3 法令（幼稚園教育要領，保育所保育指針，幼保連携型認定こども園教育・保育要領）において子ども理解はどのように説明されているのだろうか。幼稚園教育要領では「第 1 章総則　第 4　指導計画の作成と幼児理解に基づいた評価」に位置付けられている。幼稚園教育要領解説ではその点について以下のように述べている。

1　指導計画の考え方
（1）幼児の主体性と指導の計画性
〜前略〜

幼稚園生活を通して，個々の幼児が学校教育法における幼稚園教育の目標を達成していくためには，まず，教師が，あらかじめ幼児の発達に必要な経験を見通し，各時期の発達の特性を踏まえつつ，教育課程に沿った指導計画を立てて継続的な指導を行うことが必要である。さらに，具体的な指導においては，あらかじめ立てた計画を念頭に置きながらそれぞれの実情に応じた柔軟な指導をすることが求められる[2]。（下線は筆者が書き加えたものである）

その上で「一つは，発達の見通しや活動の予想に基づいて環境を構成すること」と「もう一つは，幼児一人一人の発達を見通して援助すること」が大切であるとしている。つまりは下線部に示されるように，子ども理解を基にして各時期の発達を見通した上で計画を立て，実際の指導では計画にとらわれることなく実情に応じて柔軟に変えていくことが求められている。このような実践につなげていくためには幼児一人一人の発達を見通すこと，つまり子ども理解が重要であると解釈することができる。

3)　厚生労働省『保育所保育指針』〔第1章 3 (2)〕, 2017.

また，保育所保育指針では「第 1 章総則　3　保育の計画及び評価」の中で以下のように取り扱われている。

（2）指導計画の作成
ウ　指導計画においては，保育所の生活における子どもの発達過程を見通し，生活の連続性，季節の変化などを考慮し，子どもの実態に即した具体的なねらい及び内容を設定すること。また，具体的なねらいが達成されるよう，子どもの生活する姿や発想を大切にして適切な環境を構成し，子どもが主体的に活動できるようにすること[3]。

このことは保育所保育指針解説では次のように記載されている。「指導計画は，保育士等が一方的にある活動を子どもに与えてさせるためのものではな

く，子どもの実態に基づいて，今育ちつつある子どもの様々な資質・能力を十分に引き出すためのものである。そのため，現在の子どもの育ちや内面の状態を理解することから，指導計画の作成は始まる[1]」。このように計画を立てることは子ども理解から始まるということが明記されている。

では幼保連携型認定こども園教育・保育要領ではどうだろうか。「第1章総則　第1　幼保連携型認定こども園における教育及び保育の基本及び目標等」の中で次のように記されている。

> **1　幼保連携型認定こども園における教育及び保育の基本**
> **（5）計画的な環境の構成**
> **① 園児の主体的な活動と環境の構成**
>
> ～前略～
>
> 園児の主体的な活動のための環境を構成することは，一言でいえば，園児を理解することにより可能となる。その時期の園児の環境の受け止め方や環境への関わり方，興味や関心の在り方や方向，一日の生活の送り方などを理解し，そこから園児一人一人にとって必要な経験を考え，適切な環境を構成するのである[5]。

幼保連携型認定こども園教育・保育要領解説では，加えて環境の構成について「園児の活動が精選される環境を構成するには，園児の興味や関心の在り方，環境への関わり方，発達の実情などを理解することが前提である[5]」としている。つまり，子どもの興味や関心，様々な実情等，子ども理解を深めることで計画的に主体的な活動のための環境を構成することができるといえる。

このように3法令について「子ども理解」という視点で概観すると，保育の計画を立てるためには様々な視点からの子ども理解が重要で，子ども理解を始点として保育の計画が立てられるべきだと考えられる。

2　保育者と子どもの往還的関係としての子ども理解

これまで3法令の中での「子ども理解」という部分に着目し，その重要性について述べてきた。子ども理解を深めていくためには保育者が理解を基に計画を立て，その計画を基に環境を構成し，その環境に対する子どもの反応が見られる。保育者はその様子を記録し，その記録を基に子ども理解をさらに深め，新たな計画につなげていく。そしてこのような子ども理解を常に繰り返しながら日々の保育を展開している。まさに保育者と子どもの間で往還的に子ども理解が繰り返される中でさらに深められていくといえる。

4）厚生労働省『保育所保育指針解説』〔第1章 3 (2)〕，2018.

5）内閣府等『幼保連携型認定こども園教育・保育要領解説』〔第1章 第1節 1 (5)〕，2018.

（1）子ども理解に基づくカリキュラム・マネジメント

カリキュラム・マネジメントとは，幼稚園教育要領解説によると，「教育課程に基づき組織的かつ計画的に各幼稚園の教育活動の質の向上を図っていくこと[6]」であると記載されている。具体的な内容としては「全体的な計画にも留意しながら，『幼児期の終わりまでに育ってほしい姿』を踏まえ教育課程を編成すること」，「教育課程の実施状況を評価してその改善を図っていくこと」，「教育課程の実施に必要な人的又は物的な体制を確保するとともにその改善を図っていくこと[6]」等であるとしている。また文部科学省が作成した「幼稚園教員等研修動画」おいて，資料「指導計画の作成と保育の展開について」の中でカリキュラム・マネジメントについて図3-1が示されている[*1]。

この図からわかるように，カリキュラム・マネジメントの中心には幼児（子ども）理解が位置付けられている。まさに「カリキュラム・マネジメントの中

6）　文部科学省『幼稚園教育要領解説』〔第1章 第3節 1〕，2018.

*1　「幼稚園教員等研修動画」では文部科学省幼児教育調査官の小久保篤子氏がカリキュラム・マネジメントについて説明している。

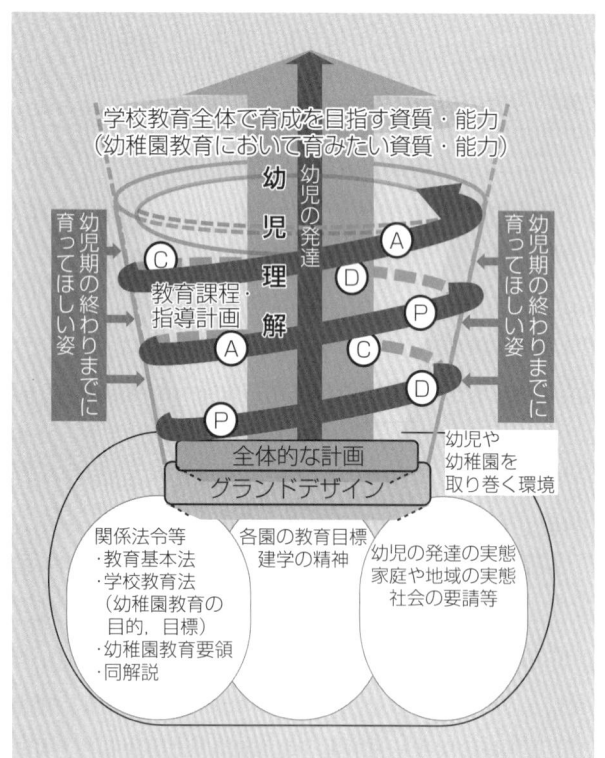

図3-1　カリキュラム・マネジメントによる質向上（イメージ図）

注1）　教育課程編成上の基本的事項：幼稚園生活の全体を通して5領域に示すねらいが総合的に達成されるよう，教育課程に係る教育期間や幼児の生活経験や発達の過程等を考慮して具体的なねらいと内容を組織する。
　2）　P：Plan（計画），D：Do（実行），C：Check（評価），A：Act（改善）
出典）文部科学省「指導計画の作成と保育の展開について（仮称）①」（資料部分）.

核は幼児（子ども）理解」であることがわかる。そして「幼児の中に何が育と
うとしているのかなどを踏まえて計画を立て，幼児が興味や関心，必要感に基
づいて主体的に活動し，充実感や満足感を味わえるような保育が大切[7]」であ
ると記されている。これは計画の根幹に子ども理解が位置付けられていると考
えられる。そして保育の実践へとつなげられていくのである。

7)　文部科学省「指導
計画の作成と保育の展
開について（仮称）①」
（資料部分）.

（2）子ども理解に基づく指導計画の立案

　前記したようにカリキュラム・マネジメントの中核に子ども理解が位置付け
られている。これは指導計画においても同様である。幼稚園において作成され
る計画の一つである教育課程について，「教育課程を実施するには，幼児一人
一人の発達の実情を踏まえ，具体的な指導計画を作成[8]」するとしている。具
体的な指導計画の作成については図３－２のように，長期の指導計画から短期
の指導計画につなげられていく。長期の指導計画とは年・期・月と長期の見通
しをもった指導計画であり，短期の指導計画とは週・日と最も具体的なレベル
で作成される指導計画である。これらの計画の背景には「幼児の姿」「周囲の

8)　文部科学省「指導
計画の作成と保育の展
開について（仮称）②」
（資料部分）.

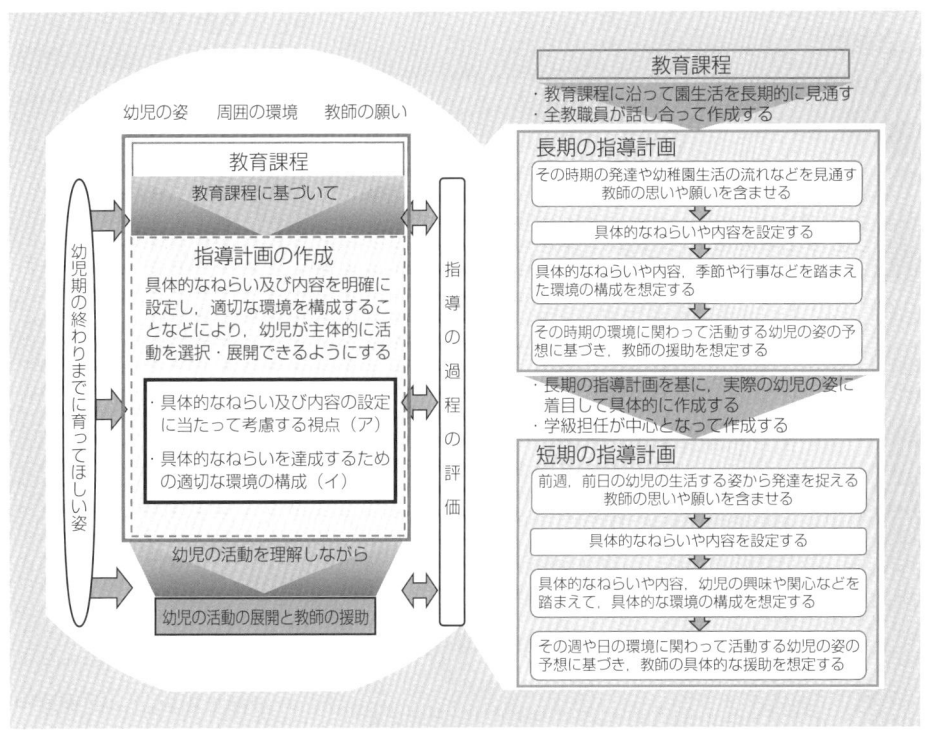

図３－２　指導計画の作成（イメージ図）

注）「幼児期の終わりまでに育ってほしい姿」は，５領域に示す「ねらい及び内容」に基づく活動全体を通して
　　資質・能力が育まれている幼児の幼稚園修了時の具体的な姿。
　　　　　　出典）文部科学省「指導計画の作成と保育の展開について（仮称）②」（資料部分）.

環境」「教師の願い」等が位置付いている。そして具体的に「幼児の活動の展開と教師の援助」につなげていく。そして実際に保育を展開する際は，計画にとらわれることなく，その場の子どもの姿，子ども理解を基に柔軟に対応し，改めて計画を立てていくことも重要である。その際重要になるのは保育を記録することである。「記録からの読み取りで重要なことは，幼児の姿を見つめ直し，幼児理解を更に進めること。記録に残された幼児の行動からその意味を考え直すことや，周囲の人やものなどの環境へのその幼児の関わり，抱えている課題，育ちつつある資質・能力などを読み取っていくこと[8]」であるとしているように，記録を取り，その姿を見つめ直すことでより多視点的に子ども理解を深めることが重要である。その理解を基に改めて計画を立てることも可能である。

（3）園内研修による子ども理解

9）　厚生労働省『保育所保育指針解説』〔第5章　3（1）〕，2018.

多くの保育現場では職場における研修（園内研修）が行われている。保育所保育指針解説では「第5章　職員の資質向上」の中で職場における研修について以下のように示されている。

3　職員の研修等

（1）職場における研修

職場内での研修は，一人一人の職員が，日々の保育実践において子どもの育ちの喜びや保育の手応えを共有し合うことを通して，自分たちの保育所の保育に求められる知識や技能を，自身あるいは同僚の実践事例から，意識的かつ意図的に学び，修得し，更に向上に努める場である。

職場における研修は，職員が自分たちの保育所のよさや強みを意識して誇りに思い，また，更なる保育の質の向上につなげるための保育の課題を考えることができる機会にもなる[9]（下線は筆者が書き加えたものである）。

職場内での研修（園内研修）においても下線部に示されてるように子どもの育ちの喜び，保育の手応えを共有すること，すなわち子ども理解を基にした振り返りによって，子どもの育ち，保育の評価を行っていくことが保育の質の向上につながっていくのだと考えられる。また，加えて「こうした職場内での研修の際には，具体的な子どもの姿や関わり，環境のあり方などを捉えた文字や写真，動画などによる保育の記録を用いて，参加する者全員が理解を共有しやすくする工夫が必要である[9]」としているように，様々な媒体を用いた園内研修が必要であるとしている。

写真3-1　園内研修の様子

　写真3－1は実際の園で行われている園内研修の様子である。この園では子どもが遊び込める環境をキーワードに定期的に園内研修の時間を設けている。その際，筆者が子どもたちの遊びを写真や動画を用いて記録し，環境構成の視点から保育者と一緒に遊びを振り返るという形で行っている。

　実際の研修の中では写真や動画を基に環境を振り返った後，保育者が環境に対し困り感をもっている点を出し合い，共に考えていくスタイルをとっている。中坪は「子ども理解の方法としての映像実践」について紹介している。ここでいう映像実践とは「映像の撮影，編集，再生，活用，保存など，映像に関する総合的な営みを示すこと[10]」と定義している。実際の園内研修の場において，映像を用いることで保育者からの語りも出てきやすいことを実感している。まさに「実践者の声を引き出す刺激媒体」として写真や動画が有効的であるといえる。写真や動画に映し出される子どもの姿から「こんな風に遊んでいたのか」といった新たな気付きを得たり，「そうそう，こんなやり取りだった」と再認識したりすることによって，一人一人の子ども理解を深めていくことができる。このような園内研修の場を活用して，子ども理解を深め，延いては全体的な計画，長期指導計画，そして短期指導計画へと具体化され，保育の実践へとつなげられていくのである。

　このように保育現場では日々なかなか時間を確保することが難しい中でも研修の機会を設定することで，子ども理解を深め，計画につなげることができるよう工夫されている。このような研修は体系的に計画を作成されることが求められている。

10)　中坪史典『子ども理解のメソドロジー実践者のための「質的実践研究」アイディアブック』ナカニシヤ出版，2012，pp.73-74.

4　研修の実施体制等
（1）体系的な研修計画の作成

　保育所においては，当該保育所における保育の課題や各職員のキャリアパス等も見据えて，初任者から管理職員までの職位や職務内容等を踏まえた体系的な研修計画を作成しなければならない[11]。

　保育所保育指針解説には「職員の専門性は，日々の保育実践と，その振り返りにおいて自ら見いだした課題の改善に向けた取組を積み重ねていくことにより，徐々に高まっていくもの[12]」であり，「職員自身の学ぶ意欲が高まるよう，研修計画を職員と共に組織的に作り上げるようにする[12]」ことが求められている。このように研修についても全体的な計画を踏まえて作成されている。

11)　厚生労働省『保育所保育指針』〔第5章4（1）〕，2017.

12)　厚生労働省『保育所保育指針解説』〔第5章4（1）〕，2018.

3 保育の終点としての子ども理解

これまで３法令の内容から実際の保育現場で見られる子ども理解の様相について紹介してきた。実際の保育現場においては常に子ども理解を中心に保育を計画し，実践し，園内研修によって振り返り，さらに子ども理解を深め，新たな計画へとつなげる様子を見ることができたのではないだろうか。

このように子ども理解を深めていくことで，保育者一人一人の子ども観が形成されていく。これは保育の終点としての子ども理解を経て構築されるものであるといえる。まとめとして，この点について説明していく。

（1）保育の終点としての子ども理解による子ども観の形成

子ども観とは誰しもがもっている子どもに対する考え方やとらえ方のことである。これは保育を実践していく上で非常に重要なものである。保育を実践していく際に子どもをどのように理解し，どのような保育を構想していくかは，この子ども観が大きく影響を与えていく。

前述したように保育の始点としての子ども理解から始まり，保育者と子どもの往還的関係としての子ども理解を経て，保育の終点としての子ども理解によって，子ども観が再形成されていく。このように常に子ども理解を中心に保育は実践されていく。しかし，この時点での子ども観は普遍的なものではなく，子ども理解を繰り返していく中で変容していくものである。その視点からも子ども理解は非常に重要なものであるといえる。

（2）子ども理解を支えるもの

ここで一枚の写真を見ていただきたい。写真３－２は保育者が子どもの姿を写真に撮っている姿である。

子どもが水場に興味を示し，水道の蛇口（ひね）を捻って水を出そうとしていた。保育者は始め，水が出ているのを見て止めようと近づくが，子どもが楽しそうに水を出し，その動きに興味を示しているのを見て，止めることをやめ，少し距離を取った上で子どもの表情が入るように写真を撮っていた。

この場面で考えられることは，子どもが今，その瞬間に興味をもっているものを共有し，他の人にも「この姿を伝えたい」という気持ちが表れ，写真という形で記録を取ろうとしていたのではないだろうか。まさにこの気持ちこそが

子ども理解を支える根幹に位置付いて
いるものであるといえる。保育者が子
どもを理解したい，他者（他の保育者
や保護者等）と理解し合いたいと思う
ことが子ども理解をし続けていくこと
ができる大きな力になると考える。
　これまで様々な方法で子ども理解を
深めていく様子を紹介してきたが，子
ども理解を支えるものは保育者一人一

写真 3 - 2　子どもの姿を記録する
　　　　　　　保育者

人がもっているごく当たり前の「子どもを知りたい」，「子どもの姿を伝え合い
たい」という思いに支えられているのではないだろうか。

● 演習課題

課題 1：子ども理解につながる記録について調べてみよう。
課題 2：現時点での子ども理解（今まで子どもと関わったエピソード）について考えてみよう。
課題 3：実際のエピソードについて話し合ってみよう。

コラム　　次につながる保育計画を立ててみよう

　実際の保育現場において立てられる計画の中には，年間を通して「育ってほしい子どもの
姿」が示されています。これは保育者が意図的に，一方的に「育てたい」姿ではなく，その時
の子ども理解を基にしたより具体的な展望ともいうべき姿であるといえます。それは保育者が
もつ子どもに対しての願いであると考えられます。しかし，この姿は年間を通して見ていき年
度末になった際に「実際に育っている子どもの姿」とは違いが見られる場合もあると思いま
す。それはあくまでも計画の中で見られる「育ってほしい子どもの姿」は保育者の願いであ
り，到達目標のように「育てなければいけない子どもの姿」ではないからです。常にその時々
の子どもの姿をありのままに受け入れ，子ども理解をし続けていくことを考えれば違いが見ら
れることも自然であるともいえます。ではその違いをどのようにつなげたらよいのでしょう
か。この部分を考えることが非常に重要であり，次の計画に子ども理解をつなげるためには必
要なことであると考えます。図 3 - 3 は今井が著書の中で示している子ども一人一人を支援す
るための自己評価プログラムの抜粋です。年度当初 4 月に立てられる年間指導計画等を年度末
の総合評価につなげていく過程で評価をし続けていくことはもちろんですが，その都度，子ど
もの姿の記録を活かして評価することが大切です。もし総合評価の段階でとらえられた子ども
の姿が年間指導計画等に示されている「育ってほしい子どもの姿」と違いが見られた場合でも
その都度記録された子どもの姿を振り返ることで次年度の計画に活かすことができます。この

記録は様々な形式，媒体が考えられます。最近ですとドキュメンテーションのように日々の子どもの姿をファイルにストックしているような園もあれば，インターネットのクラウド上で記録を管理するような園も出てきています。いずれの形であってもその都度子どもの姿に立ち返ること，そして子ども理解をし続けることが大切であるといえます。

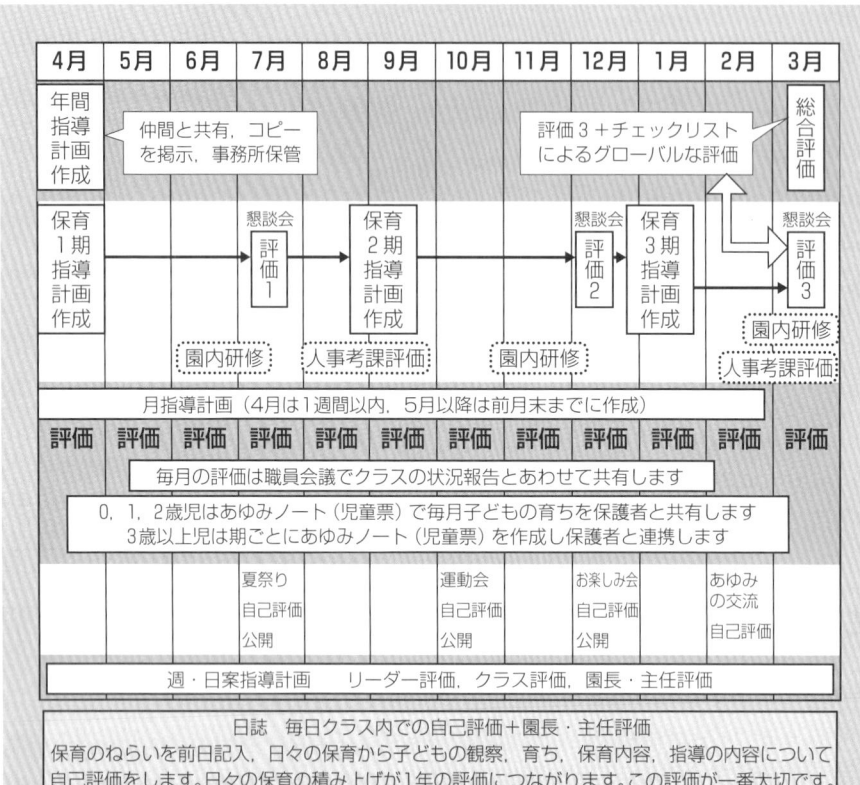

図３－３　子ども一人一人を支援するための自己評価プログラム

出典）今井和子『保育を変える 記録の書き方 評価のしかた』ひとなる書房，2009，p.173.

第4章 子どもの育ちを理解する
―発達心理学の視点から―

本章では，子どもを理解するために，心理学，発達心理学を学ぶ意義と注意点を説明する。まずは，幼稚園教育要領，保育所保育指針等で示される発達理解の重要性を再確認する。次に，保育者（幼稚園教諭，保育士，保育教諭をいう）と子ども，保護者との関係のとらえ方を発達の基礎理論，特に発達課題の観点から理解してもらう。また，保育者が子どもの困った行動を多面的に理解するために，思い込みやラベリング（レッテル貼り）に陥らないための考え方を述べる。

1 子ども理解における発達心理学の視座

保育者になるために，なぜ心理学，特に発達心理学を学ばなければならないのか。主な理由の１つは，養成課程の必修科目に指定されているからである。もう１つは，言葉でコミュニケーションが十分にとれない乳幼児を育てるには，子どもたちがどうしたいと思っているのかを大人が推測するほかないからである。学生はそのために心理学が有効だということを自然に理解しているようだ。

必修科目であることについては，保育者の養成校（専修学校，短期大学，大学等）において，発達心理学という科目名での開講は少なくなっている。保育士養成課程では2010（平成22）年の厚生労働省告示第278号以降，発達心理学と教育心理学が統合され，「保育の心理学Ⅰ・Ⅱ」に変更された。さらに，この２科目の内容は2019（令和元）年度から「保育の心理学」「子ども家庭支援の心理学」「子どもの理解と援助」で学ぶことになった。これら３科目では乳幼児期の精神発達だけでなく，実際の子育て家庭を理解し，支援することが目的となっている。つまり，発達の理論と実践の両方を学ぶのである。

「子ども家庭支援の心理学」では，保護者としての育ちについても学ぶこと

表4－1　ハヴィガーストの発達課題（Havighurst，1972をもとに谷口が作成）

乳幼児期（0〜6歳）	初期成人期（19〜30歳）
1．歩行の学習 2．固形食物を摂る学習 3．話すことの学習 4．排泄方法の学習 5．性差と性への慎み深さの学習 6．概念の形成と事物事象を説明する言語の学習 7．読むことの準備	1．仲間の選択 2．男女の社会的役割の獲得 3．結婚相手との生活の学習 4．家族を始めること 5．子育て 6．家の管理 7．職業生活の開始 8．市民の責任を引き受けること 9．気の合う仲間集団を見つけること
児童期（6〜12歳）	中年期（30〜60歳）
1．普通のゲームに必要な身体的スキルの学習 2．成長する自分に対する健全な態度の形成 3．子ども同士仲よくすることの学習 4．適切な男性的または女性的な社会的役割を学ぶこと 5．読み，書き，計算することに関する基礎的スキルの発達 6．毎日の生活に必要な概念の発達 7．良心，道徳，価値判断尺度の発達 8．自立したパーソナリティの形成 9．社会の集団や制度に対する態度の形成	1．成熟した市民であり，社会的責任をわきまえていること 2．経済的生活水準を確立し維持していること 3．10代の子どもが責任感を持つ幸せな大人になることを支援すること 4．大人としての余暇活動の開発 5．配偶者との関係性の形成 6．生理的変化，あるいは中年期に対して受容し適応すること 7．高齢の両親に合わせること

出典）Havighurst, R. J., *Developmental tasks and education*, New York: Macmillan, 1972.
谷口 篤・豊田弘司編著『実践につながる教育心理学』八千代出版, 2020.

になっている。しかし，保護者は子どもの発達課題を達成させるだけの存在ではなく，一人の人間として，自身の成人期，中年期の発達課題に取り組みながら生きている。保育者も同様であり，さらには専門職としてキャリアを発達させていく存在なのである。表4－1にハヴィガースト（Havighurst, R. J.）の発達課題を示した。

保育者になろうとする人が発達心理学を学ぶ意義

保育者の養成課程では，保育所保育指針，及び同解説，幼稚園教育要領，及び同解説，認定こども園教育・保育要領，及び同解説が教材に指定されているだろう。特に，保育所保育指針解説では，「子どもの発達について理解し，一人一人の発達過程に応じて保育すること。その際，子どもの個人差に十分配慮すること[1]」とされ，乳幼児の発達を理解することの重要性が示されている。特に「実際の子どもの育ちの姿は直線的なものではなく，行きつ戻りつしなが

1）厚生労働省『保育所保育指針解説』〔第1章 1 (3)〕. 2018.

ら，時には停滞しているように見えたり，ある時急速に伸びを示したりといった様相が見られる[1]」としている。

　大人は自分のことについては，一度できるようになったことがその後も失敗なくできるわけではないことをわかっている。しかし，自分の子どもや担任する子どものこととなると自信を失ってしまう。保育所保育指針解説の考え方は，能力は直線的に発達していくものという単純で素朴な心的モデル，願望をストレートに否定し，保育者が備えておくべき発達観を示している。これは自身のキャリアを振り返る際にも心掛けてほしいことである。

　子どもの発達を理解することが保育者にとって大切で，基本原則であることが保育所保育指針解説，幼稚園教育要領解説[2]で示されている以上，保育者を志望する人は学習に励んでほしい。しかし，それは保育の心理学や発達心理学のテストで満点を取り，子どもの行動の意味がわかれば十分ということではない。佐伯によれば，「わかる」ということは，「よいもの」を「よい」と認め，共有することであるという[3]。子どもを理解することで，保育者どうし，保育者と保護者が子どものことをわかり合う。そして，子どもを中心とした「よいもの」を伝え合う文化的実践を展開する。そのための方法として心理学を学んでほしい。

2)　文部科学省『幼稚園教育要領解説』〔序章第2節　1　(2)〕2018.

3)　佐伯胖『「わかる」ということの意味』岩波書店，1995，p.204.

2　子どもの育ちを理解すること

　みなさんはテレビで科学者が気象や病気を説明するのを見て，尊敬の念や憧れを抱くことがあるだろう。発達心理学をはじめ心理学は科学の一分野であるが，誤解や過剰な期待をもたれることがある。心理学を学べば，人が考えていること，どのような行動をとるかを予測できると信じる者は大人にも多い。このような日常生活の中で得た単純な現象理解のことを素朴理論という。素朴理論とは，「空中に投げられた物体には，重力だけでなく，上向きの力が働いている[4]」（重力しか働いていない）のように，科学的理解の前段階の理解として説明されることが多い。しかし，理論を学習し，大人になれば全ての現象を科学的，客観的に理解できるようになるわけではない。

4)　中島義明，他編集『心理学辞典』有斐閣，2005，p.542.

　発達心理学や教育心理学に詳しくなっても，子育てや教育には苦労がつきまとう。人間の心理や行動は心理学だけで説明できない複雑なものだからだ。

　ここからは子どもを発達心理学の最新の知見で説明し尽くそうとするものではない。読者が保育の心理学や発達心理学，教育心理学で学ぶ基礎理論をもとに，子ども，保護者として理解する上で気を付けてほしいことを述べていく。

（1）環境か遺伝か

保護者と話をしていると，子どもの欠点をあげて，「誰に似たのか…」「育て方が間違っていたのか」と嘆かれることがある。反対に，誇らしいことは，「自分に似て」「育て方がよかった」と思っていても，口に出すことはあまりない。「先生方のおかげです」と言ってくれたりする。まさしく心理学の「遺伝か環境か」の実生活での一場面である。

実際に未満児が保育されている姿を見ると，一人一人の行動や感情の表し方が大きく異なることに気付く。社会契約説で有名なイギリスの思想家ジョン ロック（Locke, J.）が唱えた経験説*1を象徴する考え方に「タブラ・ラサ（白紙の状態）」がある。人は生まれたときには何も書いていない紙のように，何も知らず，後の経験によって知識を得ていくというのである。では，子どもたちが生まれた直後から経験したことだけがその後の行動の違いとなって表れているのか。

このような疑問の解決につながる研究が1950年代にアメリカで行われた。この研究は後に「ニューヨーク縦断研究」と称され，発達心理学の重要な研究成果を残した。トマス（Thomas, A.）[5]らによると，新生児段階から興奮のしやすさ，なだめられやすさ，刺激への反応性に個人差が見られ，一定期間は持続するという。つまり，白紙の状態で生まれたのではないと考える方がよい。

保護者はなだめやすい乳児には自己効力感や愛着を強め，なだめることが難しい子どもには不安を抱くだろう。この点について，トマスらは子どもの気質と保護者の価値観や育て方等の環境との適合のよさ（goodness of fit）が重要であると指摘している。例えば，保護者に男子は活発であるべしという価値観が強ければ，活発な子どもには受容的な態度で接し，おとなしい子には否定的になるだろう。子どもへの否定的な接し方が継続すると，子どもの情緒や行動にネガティブな影響が出ることはよく知られている。

子ども，人間の発達に及ぼす遺伝と環境の影響については，遺伝と環境が相互に影響し合っているという相互作用説が一般的になっている。なかでも，ジェンセン（Jensen, A. R.）の環境閾値説は，生まれながらに備えている能力が現れるためには，それ相応の環境が必要であるという。この点について，保育者は子ども一人一人の状況や発達過程を踏まえて保育の環境を整えている。このことは心理学的に理にかなったことなのである。

養育者による子どものしつけ方，感情のもち方や表し方を養育態度といい，子どもの性格や行動との関係を実証的に調べる研究が数多く行われてきた。特に保護者から子どもへの影響が重視され，保護者の影響を過大に評価する傾向

*1　経験説

人間の心理的・行動的特質やその個性，認識や概念の内容は，経験を通じて形成されていくという考え方（中島義明，他編集『心理学辞典』有斐閣，2005，p.212.）。

17世紀以降のイギリスを中心に発展した。ジョン ロックはイギリス経験論の父と呼ばれる。経験論は20世紀のアメリカでジョン ワトソンらの行動主義心理学へとつながっていく。

5）Thomas, A., et al., *Behavioral individuality in early childhood*, New York University Press, 1963.

が強かった。しかし，養育者から子どもへの単純な因果関係はなかなか見いだせていない。実際には大人は子どもからも影響を受けている。よく考えれば，保護者も教師も子どもが起こす問題に振り回されることが多い。保護者が子育てを通して，考え方や行動が変わり，定着することも多い。つまり，相互作用なのである。子どもは常に受け身であるわけではなく，弱くて予測可能な存在なわけではない。彼らのもつパワーに驚き，自分に与えた影響について考えることも一つの子ども理解であろう。

（2）困った子どもの背景

　保育実習から帰ってきた学生から，叩く子がいてとても困ったという話を聞いた。年少児ともなればいっぱしの攻撃行動をとる子どもがいても不思議ではない。その学生は大学で学んだように，ダメなことはダメと教えながらも，その子の辛さを受け止め，みんなが仲よく，楽しく園生活を送れるよう温かい関わりを心掛けたと言っていた。

　人間はなぜ他者を攻撃するのか。攻撃行動についても「遺伝か環境か」の論争がある。遺伝の影響については，攻撃は動物に生殖やなわばりをめぐる争いに見られるように，動物が本能的に備えている習性である。これを攻撃本能論[6]といい，精神分析理論のフロイト（Freud, S.）や刷り込み（インプリンティング）のローレンツ（Lorenz, K.）がその代表である。

　環境，学習の影響については，バンデューラ（Bandura, A.）のモデリング（観察学習）が代表的な理論としてあげられる[7]。バンデューラ本人の解説付きの映像が動画サイトYou Tubeに投稿されている。大人が人形を痛めつけるのを隣室にいる子どもに見せると，大人と同じように人形に攻撃するのを授業等で見て，驚いた人も多いだろう。他者の行動を観察するだけで，その行動を身に付けたのである。それだけでなく，子どもたちは大人の行動を見る前に，部屋にあるおもちゃで遊んではいけないと言われ，ストレスを高められていた。そして，ストレスを発散する環境（この実験では，攻撃に使える道具，攻撃してもよい対象）が与えられると，攻撃性がさらに高まり，自分が見た大人と同じ攻撃行動をとったのである。この研究成果は，人間の攻撃行動は家族や周囲の人間の行動を見て学習するものであり（攻撃の学習説），さらにはアニメやゲーム，ドラマの暴力シーンが視聴者の攻撃性を高めるか否かの論争を引き起こした。日本でも「子どもに見せたくない番組やアニメ」が毎年のように特集されており，モデリング理論の影響が見られる。

　遺伝，環境のどちらの考え方に基づいても，家庭や園生活でストレスが高まると，子どもたちが攻撃行動をとるのはある意味自然なことである。しかし，

6）　大渕憲一『人を傷つける心：攻撃性の社会心理学』サイエンス社，2018.

7）　Bandura, A., *Psychological modeling: conflicting theories*, Aldine Atherton, 1971.
　祐宗省三編集『モデリングの心理学―観察学習の理論と方法』金子書房，2020.

その現れ方には当然ながら個人差も影響している。与えられるストレスの内容やストレス耐性の個人差，家庭や就学前施設（幼稚園・保育所・認定こども園をいう）での教育の影響等，保育者には相互作用説に基づく理解が必要なのである。

　すぐに他の子を叩く子どもがいると，保育者は，保護者が暴力的なのだろうとか，家庭がうまくいっていないから強いストレスを感じているのだろうと，保護者に疑いをもつことがある。そして，「保護者や家族がよくなる→子どもがよくなる」という因果関係を想定し，責任を求めることがある。しかし，それほど子どもの行動，親子関係は簡単に説明できるものではない。

　もちろん保育者は家庭に原因を求めるだけでなく，子どもの辛さを受容，共感し，謝罪や仲直りの方法を教え，円滑な人間関係を築かせようとする。主張訓練（アサーション），合理的解決の方法を身に付けさせるソーシャルスキルトレーニングを展開することで，道徳性を育てようと努力しているのである。

　この点について保育所保育指針解説では，「一人一人の保護者の状況やその意向を理解，受容し，それぞれの親子関係や家庭生活等に配慮しながら，様々な機会をとらえ，適切に援助すること[8]」とある。本章の冒頭で，保護者も共に育つとしたが，これは保護者が保護者として発達していくだけでなく，保護者自身も人間であり，成人期，中年期の発達課題を達成しようと努力する存在であることを忘れてはいけない。

　さらに，家族というシステムにも発達段階，発達課題があることを認識してほしい（家族ライフサイクル論[9]，表4-2）。家族も初心者の状態から日々もがきながら発達していくのであり，初めから完全な家族などないからである。そして，保護者は自分自身，子ども，家族の発達課題を達成するために日々奮闘する存在なのである。システムの要素は相互に関連し，循環しているので，家族の中で起きたことの原因を一つの事柄に特定することはできない。しかし，「子どもがよくなる→保護者がよくなる→家族がよくなる→子どもがよくなる→…」の流れに，保育者，就学前施設が果たす役割は大きい。ある保育者は，子どもが何かを「できるようになった」よりも，がんばる様子を保護者に伝えると言っていた。

　子どもは常に発達課題を達成しようとしている。その場面を最も近くで，しかも毎日関わることができる保育者の役割は重要なのである。

（3）困った子どものおかげで

　乱暴であったり，きまりがなかなか守れなかったりする子どもをゼロにすることは可能で，よいことなのだろうか。

8）　厚生労働省『保育所保育指針解説』〔第1章　1　(3)〕，2018.

9）　平木典子・中釜洋子『家族の心理』サイエンス社，2014.

表4−2　家族ライフサイクル（子どもがいる家族の場合）

ステージ	家族システムの発達課題	個人の発達課題
1．家族からの巣立ち（独身の若い成人期）	源家族からの自己分化	親密性vs孤立 職業における自己確立
2．家族からの巣立ち（独身の若い成人期）	夫婦システムの形成 実家の親とのつきあい 子どもを持つ決心	友人関係の再編成
3．子どもの出生から末子の小学校入学までの時間	親役割への適応 養育のためのシステムづくり 実家との新しい関係の確立	世代性vs停滞 第2世代 ・基本的信頼vs不信 ・自律性vs恥・疑惑 ・自主性vs罪悪感
4．子どもが小学校に通う時期	親役割の変化への適応 子どもを包んだシステムの再調整 成員の個性化	世代性vs停滞 第2世代 ・勤勉さvs劣等感
5．思春期・青年期の子どもがいる時期	柔軟な家族境界 中年期の課題達成 祖父母世代の世話	第2世代 ・同一性確立vs同一性拡散
6．子どもの巣立ちとそれに続く時期：家族の回帰期	夫婦システムの再編成 成人した子どもとの関係 祖父母世代の老化・死への対処	第2世代 ・親密性vs孤立（家族ライフサイクルの第一段階）
7．老年期の家族の時期：家族の交換期	第2世代に中心的な役割を譲る 老年の知恵と経験を包含	統合vs絶望 配偶者・友人の喪失 自分の死への準備

出典）平木典子・中釜洋子『家族の心理』サイエンス社，2014，p.27.

　集団や制度にはもともと，表に現れるプラスの作用（顕在的順機能）があれば，表には現れないマイナスの作用（潜在的逆機能）があるという[10]。就学前施設，学校は，それに適応できる者と適応できない者を必ず生み出す。言い換えれば，よい子だけでなく，わるい子も生み出すといえるのである。人間が集団で生活し，物品を共有する状態にあれば，逸脱行動やトラブルが起きるのは必然である。トラブルが発生した場合，就学前施設はそれらの解決を学習する場としての機能があることを忘れて，よい結果だけを求め，トラブルの原因となった子どもを困った子扱いしてはいけない。

　子どものよい行いは，保育者や教師の指導行動によってのみ獲得されるわけではない。人間は他者の行動からよいことも悪いこともたくさん学んでいる。観察の結果，賞を得ていると理解すれば，その行動は模倣される。逆に罰を与えられるのを見れば模倣しない。子どもたちは，怒られたり，他の子が泣いたりする場面を見て，同じことをやらない方がよいだろうと学んでいるのであ

10) Merton, R. K. and Nisbet,P.A.(eds.), *Contemporary Social Probrems*, New York & Burlingame : Harcoult Brace &World, Ink., 1961.
　ロバート マートン，森 東吾・森 好夫・金沢 実訳『現代社会学体系13 社会理論と機能分析』青木書店，2005.

る。ここで強調したいのは，ある子どもが保育者にとってやってほしくないことをしてくれたおかげで，やらないでおこうと学んでいる子どもがいるということである。そして，保育者は子どもの道徳性の芽生えを培うという責務を果たすことができるのである。

いわゆる問題児の行動であるが，保育者や教師の子どもへの態度が及ぼす影響について確認しておきたい。教育心理学ではよく知られたピグマリオン効果は，教師に期待された子どもは成績が向上し，逆に期待されなかった子どもはパフォーマンスを低下させるというものである（ゴーレム効果）。この考え方は社会学や社会心理学では，ラベリング理論で説明できる。子どもに限ったことではなく，人間には貼られたラベル（レッテル）にふさわしい行動をとる傾向がある。周囲がその子を問題児または模範児であるという認識を強めれば，無意識的に貼られたラベルに合う行動を取ってしまうのである。

自分自身にもっている考え方やイメージである自己概念は，周囲の人たちの認識や働き掛けと関係が深い。様々な行動をとり，周囲の認識に合致することで自己概念は形成されていく。大人からすれば，怒られたり，否定されたりすれば損すると思うだろうが，子どもは自己概念を形成したいという無意識の欲求を満たそうとしているのである。しかし，ラベリングによって起こされる行動で，人生の初期段階で「わるい子」という否定的な自己概念を形成させられるのは理不尽であろう。

もちろん，子どもたちに攻撃行動が少なく，他者に親和的な行動を多くとれるようになればそれに越したことはない。保育者も子どもの問題行動により上司や同僚から指導不足だと注意されたり，保護者からクレームを受けたりすれば自信を失うこともあろう。しかし，前述のように，その子どもの行動のおかげで，周囲が道徳性を獲得できるという潜在的順機能にも目を向けたい。また，何よりも子どもは人間関係の学びの途上にあることを認識してほしい。

（4）あらためて発達課題

「さっきあれだけおしっこはいいの？って聞いたのに…」と怒る保護者を見かけた。トイレで用を足させるのも一苦労だからであろう。しかし，これはまさしく幼児期の発達課題である。エリクソン（Erikson, E. H.）では自律vs.恥[11]，ハヴィガーストでは排泄方法の学習[12]に当たる。自分でなんとかコントロールしようとしていて，喜ばしいことである。順番抜かしも，本人だけでなく他の子どもにも「正・不正の区別」を学ばせる絶好の機会である。食べ物の好き嫌いもないに越したことはないが，まずは「固形の食物をとること」が課題であり，あまり多くを要求しなくてもよいのではないか。「おちんちん！」を連

11）エリク エリクソン，小此木啓吾，他訳『自我同一性-アイデンティティとライフ・サイクル』誠信書房，1973，pp.75-87.

12）表4－1の出典と同じ.

呼し，出したまま走り回るから「性の相違及び性の慎み」を学習できるのである。

　小沢は，発達について，「かけがえのないそれぞれの，さまざまな生を発達という尺度が絶えず値踏みするようになった」と批判的論考を展開した。子どもは発達させられる者ではなく，自ら生きる者であり，発達のとらえ方を「ねばならぬ」から「おもしろさ」へ転換すべきと主張した[13]。

　情報化の進展が著しい近年では，インターネットで検索すれば，どのような発達検査があるのか，さらには内容を知ることができたりもする。勉強した人ほど，客観的な指標に基づいて子どもを理解したくなるのも無理はない。しかし，わかるほどに不安になり，保育や子育ての営みが「ねばならぬ」課題になってしまってはもったいない。

　保育者は子どもの発達を誘導する働き掛けを求められるが，もともと子どもは，教えなくても，周囲の人間をモデリングし，環境に自発的に働き掛ける存在なのである。発達心理学や発達課題を採点項目やチェックリストとしてではなく，人生に挑戦する子どもを「わかり」，その喜びを保護者や同僚と「わかちあう」ために学んでほしい。

13)　小沢牧子『心理学は子どもの味方か？─教育の解放へ』ウイ書房，1992，p.25.

⬤ 演習課題

課題1：文献10）のマートンの機能分析について調べ，保育者による指導行動の潜在/顕在的な順/逆機能を考えてみよう

課題2：認知バイアスについて調べ，保育者が気を付けなければならないことを考えてみよう。

課題3：自分の保護者から，子どもである自分が保護者にどのような影響を与えたか話してもらい，受講者どうしでその話を披露し合ってみよう。

コラム　　なれるで！あんたなら

　みうらじゅん氏をご存じだろうか。仏像マニアで知られたイラストレーターであり，もらってもあまりうれしくないお土産「いやげもの」の発案者，サブカルチャーの旗手である。作風は，くだらなくても自分が面白いと思うから伝えたいと，あくまでも自分中心。彼が自分と自分の親の子育てについて語った「みうらじゅんに訊け！　親バカ子バカ編」を動画投稿サイトYou Tubeで観ることができる。全6回なのだが，特に第1回の衝撃が大きい。彼の両親は，じゅんのことは全肯定，なんでも買う。じゅん氏が将来はデザイナー，ミュージシャン，漫画家になりたいと言っても，「なれるで！　あんたなら」とあっさり肯定する。高校生くらいになると，じゅん氏が自分で「そんなに甘くないんだよ」と言うくらい。じゅん氏は自分の娘とも同じような調子で親子関係をもっていたようだ。

　筆者が教育相談の授業で学生をリラックスさせようと思い，その動画を見てもらい感想を求めたところ，一人だけは甘やかすのはよくないと言っていたが，その他の学生はこのような親子関係があっても面白いと好評であった。

　保育や教育に関わる者は，ついつい発達や子育てに「よくなる」変化を求め，導こうとして硬くなる。子育てといっても，子どもが高校卒業後に下宿などすれば，一緒に住めるのはたったの18年間である。保育者や教員ならば，クラスの子どもと1年以上一緒にいられる保証はない。清濁併せ呑んで子どもを認め，子どもとの関わりを楽しんでほしい。

写真4－1　我が息子の"いやげもの"発達

　　左は小6の修学旅行のおみやげ。同じようなものをたくさん買ってきて，家族は驚いた。右は中3の修学旅行で買ってきた大きなサングラス。6年間本棚に置いたままになっている。

第5章 子どもの心の機微を理解する—臨床心理学の視点から—

本章第1節では，言葉以外の表現方法である「行為」と「描画・芸術表現」を取り上げ，「気になる行動」に隠されている子どもの心の機微とそれに対する保育者（幼稚園教諭・保育士・保育教諭をいう）の適切な対応について学んでいく。また第2節では，子どもをより理解するために客観的視点に立った子ども理解の方法である検査法，カウンセリングマインド，保育者自身のメンタルヘルス等，臨床心理学の視点から子ども理解を深めていく。

1 子どもの心の機微を理解するために

私たちは，自分の存在を何らかの形で表現しながら生きている。その表現法の1つ目には，観念を主とした表現としての「言葉」があげられる。心理学におけるカウンセリングにおいては，じっくりと自分の気持ちを見つめ，言葉で語りながら気持ちを整理していく中で，解決の糸口を見つけていく作業が繰り返されていく。しかし，子どもはまだ言葉の獲得途上にあり，自分の気持ちを言葉で十分表現するまでには至っていない。したがって保育者には，言葉以外の表現から子どもの気持ちを理解する力量が求められる。言葉以外の表現方法には何があるだろうか。「言葉」を1つ目の表現法とすると，2つ目には，身体を主とした表現である「行為」がある。そして3つ目には，「言葉」と「行為」の中間に存在する「描画・造形表現」がある。第1節においては，第2・第3の表現方法である「行為」と「描画・芸術表現」を取り上げ，子どもの心の機微の理解を深めていく。

（1）行為からの子ども理解

事例5-1　子どもの視点に立つ

　自閉症のA児（年少）は，幼稚園のベランダからものを落とす行為を繰り返している。そんなA児に対して新任の保育者は，「A君はどうして何回注意してもやめないのか。困ったことです」「A君は自閉症だから，こういう行動を好むのですね」と見てしまっている。一方，経験年数を積み重ねた保育者は「A君はどうして同じ行為を繰り返すのだろう。なにか面白いことがあるのかな？」と子どもの視点に立っての理解をしようとしている。

　同じ行為に対しても，とらえ方によってそれへの対応は大きく異なってくるものである。前者はA児の行為だけに焦点を当て，その行為を問題行動としてとらえ，禁止したりやめさせる方法を考えるというのが目標となってしまっている。また，原因を自閉症の特徴としてしまうことにより，子どもの行為の意味をそれ以上探ることが困難になり，自閉症の行動特徴という観点だけの一面的理解になってしまっている。津守は，既存の概念や先入観から子どもを見てしまう見方を「概念的な理解」と呼び，こうしたとらえ方がひとり歩きするならば，子どもの心の中で実際に起こっていることには目を向けず，その言葉に対する対策だけが議論されることになりかねない点を指摘している[1]。一方後者では，ベランダからものを落とす行為自体に焦点を当てるのではなく，A児の視点に立って，子どもが行為として表現している意味を探ろうとしている。A児の行為をよく観察していると，A児は手当たり次第のものを落としていたのではなく，重さや形の異なったものを落としながら，落ちるスピードや着地の仕方を楽しんでいることがわかった。保育においては表現された行為のみに左右されず，子どもの行為の意味や子どもの心の機微を探っていくことが重要である。ここではさらに，幼児期に見られる「ちょっと気になる行為」を取り上げ，心の機微を探るとともに対応についても考えていく。

1）津守 真『子どもの世界をどう見るか―行為とその意味』NHK出版，1987，p.130.

1）ウソに隠された子どもの心の機微と対応

事例5-2　成長過程としてのウソ

　「僕，夏休みにパパとママとディズニーランドへ行くんだよ」と，保育者に自慢げに報告してきたB児。降園時，迎えに来た保護者にその話をすると「そんな予定ありませんよ。あの子ったらまたウソをついたのね」と言っていた。

　大人は，事実と異なったことを子どもが言うとそれを「ウソ*1」と表現し，心配になったり頭ごなしに叱ったりしてしまうことも多いが，このエピソードに出てきたB児はウソをついている意識もなく，他の人をたまそうとしてウソをついているわけでもない。願望が強すぎて，現実の世界と空想の世界との境界線がなくなってしまったために「空想の世界」と「現実」を混同し，ウソをつくこともあるが，ウソを成長過程の一つとして理解する視点をもつことが大切である。このような発言に対しては叱るのではなく，「今度みんなで行ってみたいね」等，子どもの気持ちに寄り添った共感的な対応が望ましい。

　しかし子どものウソには，こうした想像の産物のウソ以外に，自分が叱られないためにウソをつくこともある。大切な花瓶を割ってしまったときに「僕じゃないよ」「妹が割った」と人のせいにしてしまうウソは，本当のことを言ったら叱られるという思いから，その状況を回避するためにつく「自己防衛のウソ」である。保護者が「誰がやったの？」と犯人捜しをしたり，「お兄ちゃんがやったんでしょ！　なんでウソをつくの！」と頭ごなしに厳しく問い詰めたりすると，叱られたくないという一心からウソをつくことがある。このような場合の対応としては，どうして正直に言えなかったのか，その時の子どもの気持ちや状況を理解することが大切である。感情的に叱るのではなく，「ウソをつかれることはとても悲しい」そして「本当のことを言うのは勇気がいるけれど，正直に言ってくれることはとてもうれしい」ということを伝えていこう。「大切なものを壊してしまった，どうしよう」という不安を受容してもらえれば，子どもは安心し，自発的に謝ることができるようになっていく。

　その他に「僕，今日，先生にすごく褒められたんだよ」等，人の注目を引きたいという気持ちからつくウソもある。自己顕示欲の表れで，子どもが集団生活をはじめた当初にはよく生じる。また，褒めてもらいたいという気持ちがある一方で，自分にもっと目を向けてほしいという寂しさが隠れている場合も多い。ウソをつかなくても自分を大切にしてもらえているということが伝わるよう，日頃から子どもとのコミュニケーションやスキンシップを図っていくことが大切である。

　ウソ自体はよくないことではあるが，ウソをつくようになったということは，認知能力が発達している証でもある。悪いことであると心配し過ぎず，きちんと子どもと向き合っていくことを大切にしていけば，ウソをつかなくても気持ちは通じるということを体得していくものである。

2）登園時，母親から離れられない子どもの心の機微と対応

　年少児の中には，入園後数か月たっても，母親から離れられず泣き続けてい

*1　ウソはいつ頃から見られるようになるのか。子どものウソについての研究は，4歳以降で可能になるという立場と，4歳以前でも可能であるという立場がある。

る子もいる。母親は他の子どもはすんなり離れられるのに，どうして我が子だけはいつまでも泣いているのだろうと不安になったり，無理やり離そうとしたりするが，それは望ましい対応とはいえない。この時の子どもはどのような心理状況にあるのだろうか。今まで母親と一緒に家庭の周囲を中心に遊び，生活してきていたのに，入園という社会集団への区切りの時期が来たので「今日からは母親と離れて過ごしなさい」と言われても，突然の環境の変化に大きな不安を抱くのも自然の反応といえよう。このような場合は，スモールステップ*2で子どもが不安を感じないような方法により少しずつ母子分離していくことが望ましい。親子ともに気持ちの切り替えができるよう「握手でバイバイバイ」など分離を儀式化する方法も効果的である。また，母親も子どもとの分離に不安を感じて母子の共依存状態*3を固定化してしまっている場合も多いので，母親にも安心してもらえるような声掛けと対応が重要である。しかし，保育者が至れり尽くせりの対応や情報を提供し過ぎてしまうと，保護者が自分で考える機会を失くしてしまうこともあるため，親同士の交流を促したり子育て講座等を紹介する等の方法で，子育て支援につなげていくことも大切である。

3）お気に入りのタオルが離せない子どもの心の機微と対応

　人は生まれた時から自立した存在ではなく，最初は母親（またはそれに代わる人）に完全に依存しており，乳幼児期から学童期，思春期の成長・発達という段階を経て，やがて母親等の依存対象から分離・自立して大人になっていく。ウィニコット（Winnicott, D.）*4は，その成長過程を，絶対的依存期（6か月頃），移行期（6か月頃〜1歳頃），相対的依存期（1歳〜3歳頃），独立に向かう時期に分けた[2]。生まれたばかりの乳児は，母親の全面的な世話と保護を必要とし，完全に依存した存在であるが，依存していることを知らない自他未分化な状態である（絶対的依存期）。しかし身体感覚や運動能力の発達に伴って，幼児は自分の要求がわかるようになり，ある程度の自立を獲得すると母親が自分とは別の存在であることが認識できるようになる（相対的依存期）。絶対的依存期から相対的依存期の過渡期には，母親とは別個の存在として環境と関わり始める移行期がある。移行期には，母親との分離等のストレスフルな状況で，母親の不在を埋め合わせ，不安を和らげてくれる毛布，タオル，ぬいぐるみ等の移行対象が精神発達上重要な働きをする。こうした対象物により，乳幼児は母子未分化な状態から分化した状態への移行が促されていく。

　スヌーピーで知られる漫画『ピーナッツ』に登場するライナスは，移行対象としての毛布をいつも引きずっている。ライナスのような子どもに対しては，母親の代理物である移行対象を無理やり取り上げるのではなく，ポケットに入

*2　スモールステップ

　身に付けたい課題について，達成するまでの過程を細かく段階に分け，階段を一段ずつ上がっていくように積み上げていくこと。

*3　母子の共依存状態

　お互いが必要以上に依存し合っている親子関係を指す。正常な親子関係においては，子どもは成長するにしたがって自立していくものであるが，共依存状態では，親が子どもの自立の妨げをする存在になっており，いつまでも子どもは自立できない。

*4　ドナルド ウィニコット

　イギリスの小児科医，精神科医，精神分析家であり，特に対象関係論の領域で広く知られている。

2）　小林芳郎編著『臨床心理学』保育出版社，1998，p.132.

るくらいの大きさにする等の工夫も有効である。就学前施設（幼稚園・保育所・認定こども園をいう）では，その子どもが好きなことや思いっきり身体を使った遊びに誘う等していると，いつの間にかタオルのことを忘れて遊び込めるようになっていく。また母親も不安を感じている場合が多いので，タオルを放せないのは，母親から自立しようとしている子どもなりの心の葛藤が行動に現れたものであり，親との関係が起因しているのではないことを伝えるとよい。

（2）描画表現からの子ども理解

子どもは絵を描くことが大好きで，紙と筆記具さえあれば思いのままに表現する。そして子どもが描くものには，なぐり描きであっても一生懸命描いた絵でも，その時その折の様々な子どもの奥底の無意識[*5]が投影されている。言葉ではうまく表現できない心のSOSも描画に表現される。母親が体調不良の時には，弱々しい線で自分の心の寂しさを表現したり，弟の誕生で自分への注目が減り，寂しい時には，家族画の中に弟を描こうとしなかったりと，自分の心の中を無意識のうちに見事に表現して見せてくれる。絵には心の状態が表現されており，まさに「絵は心のレントゲン[3]」といえる。子どもと関わる保育者には，これらのサインに気付き，心を読み取る力量が求められる。しかし，様々に描かれた自由画から子どもの心理を正しく分析理解するのはなかなか難しいため，心理学においてはパーソナリティーや心が投影されやすく，象徴性の高い標準化された効果的な方法が用いられる。ここでは一般的な描画法[*6]を紹介し，事例を通じて子どもの心の機微を見ていくこととする。

① 人物画：「人を一人描いてください。頭だけでなく全身を描いてください」と教示し，1枚目には自由に描かせ，2枚目には異性の人物を描かせる。もともとの方法は鉛筆のみ用いるが，着色させてもよい。

② 樹木画：「実のなる木1本描いてください」と教示し，「実も描くのですか？」との質問には，「あなたの好きなようにしてください」と答える。自己イメージが反映される。

③ 家族画：自分の家族を描かせる方法である。「家族の人がそれぞれ何かをやっているところを描いてください」と教示する。

④ HTP：家（House），木（Tree），人（Person）をそれぞれ1枚ずつの紙に描かせる。1枚の紙に3つ合わせて描かせる「総合型HTP」もある。自己イメージを多面的に見る。家の絵は，家族との関係性と家族のとらえ方，木の絵は葛藤や抑圧された感情といった個人の抱える問題，人の絵は，対人関係のもち方や防衛の仕方が投影されやすいと考えられている。

これらの描画法には各々特徴があり，一つの絵だけで子どもの心理全てが読

[*5] **無意識**

無意識とは，意識下に閉じ込めた衝動や欲求を指す。フロイトは，人間の心の中には当人も気付いていない無意識の領域が存在していて，これが悩み発生の素地になるとみなしている。

3）中西芳夫『絵で診る心のサイン』エフエー出版，1994，p.6.

[*6] 描画に必要なものは，B5またはA4サイズの画用紙，鉛筆，消しゴムである。実施中に気付いたことがあれば記録しておく。また不明なものが描かれている場合は，何を描いたのかを聞いて記録しておく。描かれた絵については，大きさ，位置，動き，描線の濃淡，消しゴムの使用頻度といった形式分析と，眼，鼻，口，腕，足等の内容分析，及び全体的評価がなされる。

＊7　テスト・バッテリー

複数の性質の異なる検査の組み合わせをテスト・バッテリーという。
4)　3）と同じ.

み取れるわけではないので，テスト・バッテリー＊7を組んで適切に組み合わせて使用することが大切である。また一度だけ描いた絵を決定的な資料として解釈するのも危険である。描画はその時々の子どもの精神状態を投影するものであり，子どもの精神状態が不安定な時に描いた1回のみの描画だけの解釈では非常に偏った見立てとなってしまう。描画から子どもの心の機微を解釈するにあたっては，何枚かの描画を継続的に見ていくことが望ましい。

　次に，人物画の2事例をとりあげ，各々の絵の特徴と子どもの心の機微との関連を列挙する。ここにあげた解釈はあくまで一般的傾向であり，決めつけるのは危険である点に留意してほしい（描かれた部分の解釈については中西[4]を参考にした）。

事例5－3　よい子を演じるC児の隠された気持ち

　C児（5歳，女）：自宅では長女として手伝いをよくしている。母親に言われたことには素直に従って行動しており，母親は何の心配もしていなかった。幼稚園では，自分の思っていることを伝えたり，友だちと積極的に遊ぶことができず，一人でいることが多かった。

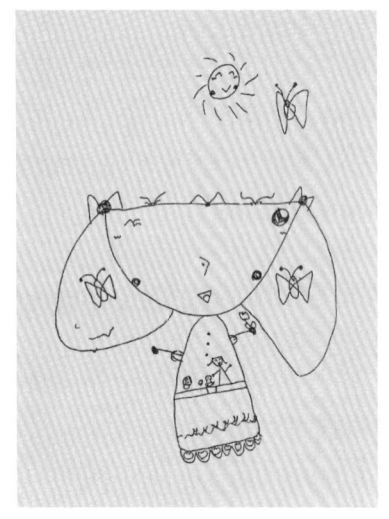

図5－1　C児の描いた人物画

C児の人物画（図5－1）の特徴と心の機微

① 　足の欠如：依存性や動きの制限を示しており，安定感の欠如を示す。

② 　細くて短い握った手：対人関係の悩み（友だちと遊びたいけれど，自分からは声を掛けられない）の表れといえる。

③ 　飾りボタン・リボンやちょうの飾り：愛情欲求，母親への依存（母親に甘えたい気持ち）を示す。

④ 　ベルトのバックル：へその位置に描かれており，母親に密着・依存したいという願望を示し，子宮回帰願望＊8の典型と考えられる。

⑤ 　舌の見える口：退行現象としての夜尿症との関連が深い。

⑥ 　平らな頭：抑圧感（母親から「よい子だね，よい子だね」と言われ，よい子を演じ続けていることへの限界）を表している。

⑦ 　大きい顔：幼児の特徴であり，この絵の場合は正常な表現である。

　母親はこの絵を見て，C児は長女として手伝いをしっかりし「よい子」と評されているが，本当は甘えたい気持ちを抱いているということに気付き，C児との時間をたっぷり設けスキンシップを図った。すると，その後自分の気持ちを素直に口に出して伝え，友だちとも積極的に遊べるようになった，という。

事例５−４　なぜ話さないのだろう

　D児（小学１年生，女）：幼稚園時代から，仲のよい友だちとは話をしていたが，保育者と話をすることは少なかった。小学校低学年の頃は，声を出して本を読むことはできたが，高学年に進級してからは自宅以外では全く話をすることができず緘黙となった。

　D児の人物画（図５−２）の特徴と心の機微

① 　足の欠如：描かれていないのは安定感の欠如を示す。

② 　内部が描かれていない顔：対人関係での悩み，対人関係のよくない証拠を示す。

③ 　腕や手：体に密着しているのは緊張感を示す。腕を描かず後ろへ回している場合は，対人関係の拒否を示す。

④ 　左右対称の表現：絵全体が左右対称に描かれている場合は，周囲への防衛を意味する。

2　保育者に求められる臨床心理学的視座

（１）子ども理解のための検査法

　前述した子ども理解の方法の他に，客観的視点に立って子どもを理解する方法もある。以下に発達や得意・不得意等，子どもの特性を把握するための代表的な発達検査と知能検査を紹介する。これらの検査は医療機関や保健センター，療育センター等の福祉機関で心理士により実施されるものであるが，保育者は保護者等から検査結果を提供されることもあるため，主な検査法の概要と結果の見方について理解しておくことも必要である。

１）発達検査

　対象は乳幼児であり，身近にいる保護者や保育者からの聴取や記入，または検査者による直接観察による検査法である。発達早期の乳幼児は，知的機能と運動機能が未分化であり，知能を単独で測定するのは困難であるため，運動機能等も含めた発達を評価する。我が国で用いられている主な発達検査には以下のようなものがある。

① 　遠城寺式乳幼児分析的発達検査法：適用年齢は０か月〜４歳７か月である。移動運動，手の運動，基本的習慣，対人関係，発語，言語理解の６領域ごとに発達年齢が示され，プロフィールで確認できる。

② 　乳幼児精神発達診断法（津守式診断法）：対象は０〜７歳であり，対象児

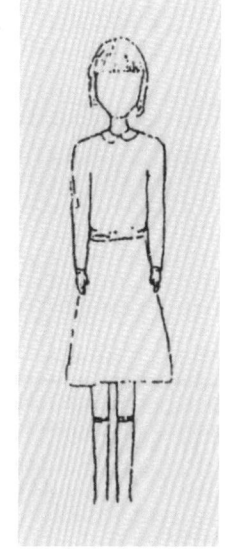

図５−２　D児の描いた人物画

の年齢に応じて 1〜12か月用，1〜3歳用，3〜7歳用のいずれかの質問紙が用いられる。運動，探索・操作，社会，食事・排泄等の生活習慣，理解・言語の 5 領域の領域別発達年齢と発達輪郭表が示される。

③　新版K式発達検査法：適用年齢は 1 か月〜14歳である。姿勢・運動（P-M），認知・適応（C-A），言語・社会（L-S）の 3 領域ごとに，DQ（発達指数）が算出される。

2）知能検査

検査者と対象児が一対一の状況で時間を掛けて観察しながら実施する検査である。我が国で用いられている主な知能検査には以下のようなものがある。

①　田中ビネー式：2 歳〜成人が対象である。年齢ごとに検査項目が並び，総合的，全体的な知的能力（おおよそ何歳レベルの知的能力があるか）の把握ができる。

②　ウェクスラー式：対象年齢別に種類がある。2 歳 6 か月〜7 歳 3 か月対象のWPPSI，5 歳 0 か月〜16歳11か月対象のWISC，16歳以上の成人対象のWAISの 3 種類である。知能を複数の構成要素に分けてとらえているのが特徴であり，言語を用いて回答する課題に限定した言語性IQ（VIQ），作業によって回答する動作性IQ（PIQ），両者を合わせた全体IQの 3 つのIQが算出される。さらに言語理解，知覚統合，注意記憶，処理速度の 4 つの指標得点も算出される。

③　グッドイナフ人物画検査：Draw a Manという教示の頭文字がDAMという検査名になっている。人物像として形ができ上がってくる 3 歳頃から，精神年齢が 9 歳頃までの子どもが対象である。知能検査として考案されたが，パーソナリティー検査として利用されることが主となり，自己イメージが反映される。子どもや聴覚障害のある人の大まかな知能の評価にも用いられる。

　これらの検査の結果は数値として表されるが，数値だけがひとり歩きしてしまう危険性がある。発達指数（DQ）や知能指数（IQ）を用いる場合には，指数だけではなく，回答内容や実施中の様子等，知能検査から得られる多様な情報も参考にし，総合的に判断しなければならない。さらに，その子どもの生活年齢と，検査から得られた発達年齢，日頃の子どもの姿，特徴と照らし合わせながら，日々の保育に活かすための参考としていくことが大切である。また，保護者が結果を伝えたということは，保育者を信頼している証であるため，保護者の気持ちをしっかり受け止め，守秘義務を守り対応していくことにも留意が必要である。

（2）子ども理解のためのカウンセリングマインド

　子どもを取り巻く環境や子育ての変化，それに伴った子どもの育ちの変化に
対応するために，文部省（現 文部科学省）は1993（平成5）年に「保育技術専門
講座」の中で，保育者が基本的に身に付けるべきものとして「カウンセリング
マインド」の重要性を強調した。カウンセリングマインドとは，「一人一人の
幼児との間に信頼関係を作り出し，幼児の言葉や表情から内面を理解し受け止
め，自分で課題を乗り越えていくための適切な援助をする[5]」とされる。保育
者の専門性を指すものであり，ロジャーズ（Rogers, C.）が提唱した来談者中心
療法のカウンセラーに求められる基本姿勢からヒントを得ているといえよう。
ロジャーズはカウンセラーが満たすべき条件として次の3つをあげている。

① 純粋性，自己一致：カウンセラーに求められる第一の態度は，純粋性で
　あり，ありのままの自分を受け入れている状態。プラスの感情もマイナス
　の感情も全ての自分自身を意識して受け入れる態度のことである。

② 受容：クライエントに心を寄せて尊重し，ありのままを肯定的に受け止
　める。

③ 共感的理解：相手が感じていることをそのまま理解しようと努め，さら
　にカウンセラーが理解したことを相手に伝えることが大切である。

　保育者の専門性はカウンセラーとは異なるが，「心のつながりを大切にする」
「相手の立場に立って共に考える」「ありのままの姿を温かく受け止め見守る」
「心の動きに応答する」等の点で共通しているといえる[6]。

（3）アクスラインの8原則からの子ども理解

　心理療法の技法の一つである遊戯療法での子どもとの関わり方は，保育場面
においても参考になる。アクスライン（Axline, V.）[*9]は遊戯療法を行う際の
原則として次の8つをあげている。① 子どもとの間に温かい友好関係をつく
り信頼関係を形成する，② 子どものありのままの姿を受け入れる，③ 子ども
が自由に自身の感情を表現できるような許容的な雰囲気をつくる，④ 共感的
に接し，子どもの気持ちや感情をわかりやすく伝え返していく，⑤ 子どもが
もつ自己治癒力（問題解決力）を信じる，⑥ 大人が指示をするのではなく子ど
もに主導権をもたせる，⑦ ゆっくりと成長を待つ，⑧ 攻撃や破壊，危険なこ
とに対しては必要な制限を与える[7]。この8原則はそのまま，保育者が子ども
に接するときに求められる姿勢でもある。保育者がこれらを念頭に置き保育実
践すれば，子どもは自分の存在が認められ守られていると感じることができ，
ありのままの自分を表現して，伸び伸びと生きることができるようになる。

5）文部省「保育技術
専門講座資料」1993.

6）5）と同じ。

*9　バージニア アク
スライン

　遊戯療法にクライエ
ントへの共感的理解を
重視した来談者中心療
法的な考え方を導入し
た。児童中心療法，非
指示的遊戯療法の立場
を強調する遊戯療法の
基礎を確立したといわ
れる。

7）小林芳郎監修，荻
原はるみ編著『乳・幼
児の発達心理学』保育
出版社，1996，p.193.

● 演習課題

課題 1：就学前施設の実習先で出会った「気になる子ども」の行動を書き出してみよう。

課題 2：課題 1 で書き出した「気になる子ども」に対しての保育者の具体的な関わり方について振り返り，話し合ってみよう。

課題 3：あなたがストレスを感じるのはどのような場面であるか，またどのようなストレス解消法をもっているか書き出し，他の人たちとストレス解消法を共有してみよう。

● 参考文献

小林芳郎監修，荻原はるみ編著『乳・幼児の発達心理学』保育出版社，1996.

清水益治・森 俊之『子どもの理解と援助』中央法規，2019.

下山晴彦『よくわかる臨床心理学』ミネルヴァ書房，2009.

杉崎雅子『スギ先生と学ぶ教育相談のきほん』萌文書林，2018.

高嶋景子・砂上史子・森上史郎編『子ども理解と援助』ミネルヴァ書房，2011.

塚本美知子『子ども理解と保育実践』萌文書林，2013.

中西芳夫『人物画診断事典』中日出版，1995.

コラム　　　保育者のメンタルヘルス

「私は子どもが大好きで保育の道を選んだのですが，なんだか最近，子どもに関わる仕事は私には向いていないような気がしてきて…。E児への接し方を工夫して頑張っているつもりなのですが，うまくいかないし…。ますます難しさが見えてきて，自信がなくなってきてしまいました…」これは，ある幼稚園の中堅保育者のつぶやきである。新任保育者であれ，ベテラン保育者であれ，ふと疲れを感じてしまうことは誰にでもあることであり，決して恥ずかしいことではない。ストレスという観点から保育者自身のメンタルヘルスに向き合うことは大切なことである。一人で抱え込まず誰かに相談したり，自分なりの解消法を見つけたりしてみよう。

　ストレス解消法の一例として，① 10秒をカウントしながらゆっくり深い呼吸を繰り返す呼吸法，② 自分で行えるリラクゼーション法（一種の自己催眠）である自律訓練法，③ ストレスに感じていることを紙に書いて客観的に振り返る方法，④ おおいに笑ったり泣いたりできる映画やドラマを見ることで，副交感神経が優位になりリラックスする方法，等である。これらを実行するほどの元気も残っていない時は専門医に相談し，適切なアドバイスを受けよう。保育者自身の心身の健康は，子どもや保護者への適切な関わりの原動力である。

第6章 事例・対話・協働に基づく子ども理解

本章では，保育者（幼稚園教諭・保育士・保育教諭をいう）が一人一人の感性に基づいて子どもと関わり，理解を深めていくことの重要性を示すとともに，「わかったつもり」を超えていくために，対話的・協働的に子ども理解を更新していく方法について学んでいく。対話的に子ども理解を更新することは，保育者自身の変容と切り離せないことであり，子どもの姿だけでなく自分自身の物の見方や感じ方についても問いをもつ必要がある。このことを具体的な事例とともに紹介する。

1 子ども理解を共有することの重要性

（1）感性的な子ども理解の重要性

　今，あなたの前に，泣き続ける赤ちゃんがいると想像してみてほしい。赤ちゃんは，泣いている原因を言葉で説明することができない。養育者は，「おなかがすいてるのかな？」「さみしくなったのかな？」「おなかがいたいのかな？」といったように，様々な仮説をもって，あの手この手で赤ちゃんに関わることになる。ときには「結局原因はわからないけれど，なぜか泣き止んだ」といったように，赤ちゃんの気持ちが理解できないままに問題が解決することもあるかもしれない。このような言葉を話す前の赤ちゃんとの関わりでは，子ども理解は手探りの状態から始められることになる。

　鯨岡は，このような人と人の感性が触れ合う中で生まれる人間関係を「接面」という言葉で説明している[*1]。赤ちゃんが泣いている時，まず養育者は泣いている赤ちゃんの負の情動を感じ取り，それを受け止めることで対応する。しかし，その負の情動に完全に飲み込まれてしまえば，自分自身のネガティブな感情とともに赤ちゃんに対応することになり，関わりがうまくいかなく

＊1　接　面
　「人と人が関わる中で，一方が相手に（あるいは双方が相手に）気持ちを向けたときに，双方のあいだに生まれる独特の雰囲気をもった場」と定義されている（鯨岡　峻『関係の中で人は生きる：「接面」の人間学に向けて』ミネルヴァ書房，2016，p.85.）

43

なる事態が生じてしまう。そこで養育者は，自分に負の感情が生まれる一歩手前でそれを包み込み，抱っこしたりあやしたりすることによって，関わりの中で，目の前の「この子」の理解を深めていく[1]。子ども理解とは，このような人と人同士の「接面」をつくっていく丁寧な関わりの蓄積があって成り立つ繊細なものであり，客観的データとして数値化することのできない奥行きをもった関係として理解することが必要である。

1)　鯨岡 峻『関係発達論の展開-初期「子ども-養育者」関係の発達的変容』ミネルヴァ書房，1999，pp.138-143.

（2）「わかったつもり」を超えて

　以上のように，子ども理解とは，「頭でわかる」ことを超えて，身体性や情動を含んだ感性的なコミュニケーションを通して行われる。保育者と子どもの間，あるいは子どもと子どもの間で生じる様々な「接面」に参与し，子どもの行動や言葉に隠れた意味を読み取ったり，あるいは言葉にならない言葉を聴き取ったりする関わりによって子ども理解に基づく保育が展開されていく。子ども理解は，このような「わかる」ことと，「わかり合えないこと」「わからないからわかろうとすること」等，複雑な関わりの中で生み出されていくものであるといえるだろう[2]。

　しかし，ここで注意しなければならないのは，子ども理解には，「子どもをわかったつもりになる」ことが常に裏表になっているということである。人は，自分が慣れ親しんでいるものの見方や認識の枠組みを，相手にあてはめて理解してしまう性向をもっている。子どもと関わる際に「子どもとはこういうものだ」「3歳児はこんなことを考えている」「この子はこういう性格だ」という固定観念のみが働いてしまうとき，目の前にいる子どもの姿は見失われてしまうことになる。

2)　鯨岡 峻『ひとがひとをわかるということ-間主観性と相互主体性』ミネルヴァ書房，2006，p.126.

　そこで必要になるのが，「子ども理解の共有」である。自分一人の見方だけで子どもの姿を規定してしまうのではなく，他の保育者と対話しながら，子どもがほんとうに考えていることや感じていることを問い，子どもの生きる世界へ近づいていく。それは言い換えれば，個々の保育者が抱く子どもについての「問い」を共有し，協働的に理解を深めていく過程であるといえる。次節では具体的な園での取り組みから，このような協働的子ども理解の一例を示す。

2　私の子ども理解から私たちの子ども理解へ

　筆者が勤務するやまのこ保育園（山形県鶴岡市）では，「問い駆動型保育」を標榜し，毎月各クラスで起きている出来事から「問い」をたて，保育に活かそうとしている。「問い駆動型保育」とは，子どもたちとの関わりの中で湧き上

がってきた「問い」を園全体で共有しながら，環境や居合わせた人々を駆動していく保育の在り方のことで，筆者らの造語である。

　2019（平成31）年の新年度に入って数か月経った頃，問いを数か月追い掛けて記録を取り，企画展とすることを思い付き，8月から3か月間，各クラス1つの問いの記録を取り続けることにした。「変容するわたしたち」と名付けられたこの展覧会の中から，3〜5歳児クラスの問いの記録を紹介する。3〜5歳児クラスの問いは，子どもと「生きているもの」の関わりをめぐるものであり，8つの断片的なエピソードをまとめた実物展示「生きてるの？」，子どもたちと保育者の死んだカエルをめぐる対話の映像「ここでゆめみてるみたい」，A児（3歳10か月）の虫やカエルとの関わりをまとめた「"それ"が"あなた"になるまで」の3つの展示で構成されることになった。本稿では，この展示を制作する過程を追いながら，子ども理解の共有について考えてみたい。

写真6－1　「変容するわたしたち」展の様子

注）　子どもたちとの日々の中で生成される「問い」からリサーチを展開し，そこで見えてきたものを展示空間とすることと，その展示を知るためのツアー，トークセッションを実施。保育園という場で日々起きていることの面白さを広く伝えるために企画した。2019（令和元）年10月13日開催。

　雪が解け，園庭に草が生え，虫やカエルがやってくる。子どもたちは足元の生き物を捕まえては，手のひらの中で大事にしたり，身体の仕組みを観察したり，時に踏んだり潰したりもする。そんな関わりの結果として，虫たちが死んでしまうという出来事が頻発し，保育者たちはその様子に心を痛めたり，揺らいだりする。子どもたちと生命をめぐる対話をしてみると，彼らにしてみれば「死んでいるけど生きている」という状態があり得るということ，生と死の境界線が曖昧なものだということが見えてくる。

　収穫したトマトは生きているのか？　牛肉は生きているのか？　土に蒔く前の人参の種は生きているのか？　どこからが生きていてどこからが死んでいるのか？　その間にある曖昧な領域は一体どのように受け止められているのか？

　そんな問いがクラスの中で膨らんでいった結果，私たちは日常の中で交わされる「生きているもの」をめぐる子どもたちの言葉を3か月掛けて追うことに

した。子どもたちはどのように「生きてる」を認知しているのか，が大きな問いである。

　A児の虫やカエルとの関わりをまとめた「"それ"が"あなた"になるまで」の展示からエピソードを抜粋して紹介したい。

事例6－1　"それ"が"あなた"になるまで

8月27日

　公園でコオロギを見つけた，A児。見つけた途端，足で踏んだ。それを見たB児が「かわいそう」「おなかからなんか出てる」「いたそう」と保育者に報告してくる。B児はその後もしばらくコオロギの様子をじっと観察していたが，別の遊びが始まるとそちらへ参加していた。A児は周りの子から責められていると感じたのか，保育者の陰に隠れるように逃げていた。

9月11日

　保育室内にいた虫（ゴミムシ）を観察していた。C児がケースの中に虫を入れる際に虫の足を挟み，虫は片足を引きながら歩くようになった。C児が去り，A児は「かわいそう」とつぶやいていた。その後，A児はケースに虫が入った状態でケースを回した。虫はひっくり返り，痙攣したようにしか動かなくなった。「動かなくなった？」と聞くと，A児は「うん。死んだ」と答え，「Cちゃんが挟んだから死んだんだよ」と言った。「Aくんがケースを回したのもあるかもよ」と保育者が言うと，Aくんは3秒ほど宙を見つめた後，去っていった。

9月13日

　園庭でA児はカエルを捕まえる。朝の集いが始まり，部屋の中に入ったが，集いの間ずっと手に持っている。終わると持っていたカエルを確認している。あまり動かなくなったカエル。「カエルずっと持ってたの？」と保育者が声を掛けると手を開き見せてくれた。カエルは動かず，死んでいるように見えた。「カエルどうする？」「生きてる？　死んでる？」と聞くと手のひらのカエルを指でいじりながら，まじまじと見るが，動いていないように見える。「さっきまで動いてた」と小声で答えながらも，少し焦った様子。隠すように自分のロッカーへ持って行って，棚の隅に置いた。置くとその場をすぐに離れて行った。遊びに出て行こうとしたので，「カエル，どうするの？」と再度，保育者が聞くと，もう一度ロッカーへ戻ってカエルを確認する。カエルがいない！カエルは生きていてロッカーの奥へ移動していた。思わず，A児の顔がぱあっと明るくなる。保育者も死んでいると思っていたので，思わず「生きてたんだねえ」と声が出た。「どうする？」ともう一度聞くと「Dくんにあげるの」と言って，勢いよく駆け出していった。

9月25日

　A児はカエルを見つけて手のひらに乗せていた。以前より捕まえ方が柔らかいように感じる。

しばらくしてカエルが逃げ出した。慌てて追い掛けるが，捕まえた後に「返してあげようかな」とつぶやく。「どうして返すの？」と尋ねると「お母さんのところに行きたいかも」と答えた。キョロキョロ園庭を見回し，「あっちにお母さんがいるから」と雑草が生い茂っているところまで歩いて行って投げるようにして草の中に返していた。

10月1日

　部屋の中で，死んでしまいボロボロになったトンボを見つける。A児は羽を持ち「かわいそう」と言うので，保育者が「どうしてかわいそうなの？」と聞くと，「もう飛べないから」と答える。

　私たちは多くの生命の死の上に暮らしている。虫の生命，草の生命，動物の生命。それら生きているものと自分とのつながりを感受する力は，子どもたちの内側でどのように育まれていくのか。私にとって「それ」である存在が「あなた」になる時。「そのバッタ」が「私の友だち」になる時。その瞬間は決定的なものではなく，行きつ戻りつ，揺れ動きながら，少しずつ何かが失われたり膨らんだりする。どこか不確かで不揃いな個々の中で育まれているリアリティが，記録していくプロセスの中で保育者に発見されていくことになった。また，記録を音声や映像で日々撮りためていく中で出来事と出来事が線になって，子ども理解が立体的に像を結ぶことが何度もあった。

　共有された記録は，その見取りを複数人の保育者によって議論されるプロセスを経ることになる。その過程に生じるのは，2つの変化である。1つは，参加する保育者の子ども観が様々な形で変化していくこと。もう1つは，その記録の中に含まれている「私」自身が変化することである*2。子ども理解を他者と共に深めていく過程では，子どもの傍らにいる私たち保育者もまた，その理解の中に常に内包されている。私が掛けた言葉，掛けなかった言葉，その子にとっての私の存在，私の居合わせ方。子どもを理解しようとする時，同時に必ず「私」へと矢印が向かうことになる。私の子ども理解が私たちの子ども理解へと深まる時，同時に保育者である私自身への理解もまた深まっていく。

③ どうして共有するのか

　A児の虫やカエルとの関わりをまとめた「"それ"が"あなた"になるまで」を担当した保育者のXさんは，本展示の制作過程を振り返って，次頁のように述べている。

*2　本節の一連の記録は，A児が躊躇なく虫を殺していたことや，以前は躊躇なく虫を殺していたB児が虫を殺さないようにA児を諭していたことに，保育者が関心を抱いたことから始まった。A児にはまだ，生き物という概念が確立されている様子がない。そのA児が一体どのような世界を生きているのかという点に関心をもつ保育者がいる一方で，別の保育者の中にはA児が虫を殺すことをどう整理したらいいかわからない気持ちを強く抱く者もあった。保育者間で記録を共有する中で浮かび上がってきたのは，虫を殺すA児の是非を評価するのではなく，A児の生きる世界や，保育者自身の「わからなさ」と向き合いながら，子どもたちがどのように変化していくのかを見ていこ

> 「私には，幼少期に虫や魚の命を奪った記憶がほとんどありません。記憶を辿っていくと，かわいそう，という気持ちは，もしかしたら幼い頃に大人から与えられたもので，私は自らの体験を通して生命観を獲得しないまま，大人になってしまったのかもしれない。だからいま，まっすぐに生命に向き合うことができないのだと。私はいま，傍らの子どもたちの姿に自分の幼少期の姿を重ねながら，自分自身で生命をめぐる経験を獲得するために，子どもたちと共にここにいるのだと感じています」

うとする姿勢だった。子どもたちの視点と同じ景色を見ようとすると同時に，保育者自身の胸の痛みとも向き合いながらA児への関わりを考えていく。その中で生じてきたのが，次第に生き物に共感を寄せていくA児の変化であり，保育者どうしの深い対話を通した保育者自身の変化であった。

　ここで振り返りの対象となっているのは，保育者としてのXさんという一面的なものではなく，まるごとの存在としてのXさんである。Xさんは，子ども理解を深めていく過程で，自分自身と出会い直すことになった。そして，過去の経験から育まれた枠組みを解き，もう一度，目の前の出来事に対して意味を獲得したいと希求している。こうしたことは，私の子ども理解を共有し，保育者集団の中で深めていく過程で，避けられない保育者自身の変容である。筆者は，この変容こそが保育実践を豊かにしていくことにつながっていくはずだと感じている。なぜなら，保育の質とは突き詰めれば，子どもと大人の応答の中にあるからである。大人側の応答には，その子の成長の過程からの即応的な解釈の上で，次にどうするかを判断することまでが含まれている。言語または非言語によって1日に数千回も行われているこの解釈と判断をできる限り固定化させないことが，応答の質を上げ，ひいては保育の質を上げることになるのである。

　その前提には，筆者らが目指す「問い駆動形保育」は，対話的で即興的なものであるということがある。子どもと保育者が共に主体者として居合わせ，どんな活動をしたかも大切だが，どのような関係で活動をしたか，により重きを置く，一回限りの実践を目指したいと考えている。そのための必要条件として，保育者どうしの関係性の構築があると考え，開園してから継続して3か月に一度，1泊2日の合宿を続けてきた。保育者一人一人がもっている価値観，大切にしたいことを持ち寄り，互いの違いを含めて理解し，承認していく態度を養っていくために，ごはんをつくって食べる。寝て起きて，散歩する。そんな暮らしの一端を共に過ごすことが効果的なのではないかと考えたからだ。

　子ども理解を深めるための対話は，時に保育者自身が培ってきたものの見方や認識の枠組みの解体を伴う。解体は痛みを伴うが，解体によって立ち現れる変容を楽しめるようになるためには，保育者集団の関係性の質がその素地として重要な意味をもってくるのである。

4　子ども理解の方法の広がり

やまのこ保育園では，「問い」を共有するところから出発し，そこから生まれていく保育を記録し，展示を作ることで対話的に子ども理解を深める実践を行っている。このように協働的な子ども理解の手法は就学前施設（幼稚園・保育所・認定こども園をいう）によって様々な仕方で取り組まれているが，子どもの姿を丁寧に記録し，対話を通して子ども理解の枠組みを更新していくという点では共通している。

例えば，第1節で紹介した鯨岡は，「エピソード記述」という方法で，子どもとの関わりの事例を記述・考察し，それを他者と共有していくことによって，保育を探究するアプローチを開発している[3]。「エピソード記述」は，客観主義的な保育の経過記録からは抜け落ちてしまうような，子どもと保育者の間の情動的な関わりや，様々な情感を伴う保育の場のありのままの姿を保育者自身が描き，他の保育者と共有していくことで，主体としての子どもの育ちを支えていくことを目指している。また，保育の場で生きられた経験を理解しようとする手立てとして，「リアリスティック・アプローチ[*3]」いう方法も近年注目されている。リアリスティック・アプローチでは，教師（保育者）の専門性として，「リフレクション（省察）」を行い，自己や自己の実践の本質的な側面について気付いていくことを重視しており，そのための様々な手法が開発されている[4]。

もう1つの広がりは，「ポートフォリオ」といわれる，写真やビデオ等の視覚メディアを通して，協働的な子ども理解を行っていく方法である。「ポートフォリオ」は個人記録や日誌といった保育記録とは異なり，保育者だけでなく子どもや保護者も参加して保育を語り合うためのメディアであり，多様な表現手段を用いて作られていく点に特徴がある[5]。例えば，ニュージーランドでは「ラーニング・ストーリー（学びの物語）」といわれる子どもの育ちの記録を，保育者と子どもが対話しながら一緒に作っていく手法が取り入れられている。「ラーニング・ストーリー」は，子どもを優れた学び手として信頼することを原理としており，子どもたちが自ら成長していく姿を理解し，そのような「学びの構え」を育む環境を提供する手掛かりとして活用されていく[6]。また，スウェーデンの就学前学校カリキュラムでは，「教育的ドキュメンテーション」といわれる，保育を同僚や子どもとの対話によって評価，分析，発展させていく手法が取り入れられている[7]。「教育的ドキュメンテーション」は単なる事実の記録とは異なり，子どもたちの観察から学びの姿を読み取り，その写真や

3)　鯨岡 峻『エピソード記述入門―実践と質的研究のために』東京大学出版会，2005，p.3. 鯨岡 峻『保育のためのエピソード記述入門』ミネルヴァ書房，2007，p.68.

*3　リアリスティック・アプローチ
子ども自身の実際的な問題や関心を中心として探究と省察を行い，経験から理論的考察や行動の新たな選択肢を見い出していく手法である。この時保育者は情報の伝達者であるよりも学びの促進者として，子どもに関わっていく。

4)　フレッド コルトハーヘン，武田信子監訳『教師教育学―理論と実践をつなぐリアリスティック・アプローチ』学文社，2010，p.26.

5)　森 眞理『子どもの育ちを共有できるアルバム ポートフォリオ入門』小学館，2016，p.8.

6)　マーガレット カー，大宮勇雄・鈴木佐喜子訳『保育の場で子どもの学びをアセスメントする―「学びの物語」アプローチの理論と実践』ひとなる書房，2013，p.49.

7)　白石淑江編『スウェーデンに学ぶドキュメンテーションの活用—子どもから出発する保育実践』新評論, 2018, p.3.

映像を残しつつ, 再びそれらの記録を通して子どもや他の保育者と話し合い, 新しい課題や挑戦を見出して次の活動を生み出していく, といったように実践のプロセスに埋め込まれている点が特徴的である。

　保育は一人一人の保育者がその感性により子どもと共に生き, その生きる世界を理解しようとするところから始まる。そしてその理解を他者に開き対話することによって, 保育者自身の在り方を含めてその理解が更新されていく。問いをもち, 子ども理解を探求する中で, 保育者もまた成長していくが, その方法は多様で可能性に満ちているのである。

● 演習課題

課題1：「子ども」に対する固定観念にはどのようなものがあるだろうか。自分が固定観念だと思う見方をあげ, なぜそう思うのか説明してみよう。

課題2：あなたは小さな虫を集める子どもの気持ちが理解できるだろうか。子どもはその時, 何を考えたり感じたりしているだろうか。グループで話し合ってみよう。

課題3：本章第4節で紹介されている方法について参考文献をもとに調べ, どのような方法であるのか発表してみよう。

コラム　　アートを通した子ども理解

　東京学芸大学内にある学芸の森保育園では, 美術の専門家や学生と連携して行ってきた造形活動のまとめとして子どもたちの造形作品展を開催し, その作品を手掛かりに子どもの姿や育ちを共有する「子どもアートカンファレンス」を開催するという取り組みを行っている。そこでは, 子どもの作品を中心にして, 保育者, 保護者, 保育の専門家, 学生といった多様な主体が交流・意見交換しながら子ども理解を深めていくプロセスが報告されている*。

　子どもの表現には, その子ども独自のものの見方や感じ方, その子どもが生きてきた世界が滲（にじ）んでいる。子どもが表現した作品を一つの手掛かりとして, 他の保育者や保護者を含めた対話の輪を広げていくことも, 協働的な子ども理解の一つの手法である。

　*　笠原広一編『アートがひらく保育と子ども理解—多様な子どもの姿と表現の共有を目指して』東京学芸大学出版会, 2020.

第7章 子ども理解を深化させる記録

本章第1節では，保育者（幼稚園教諭・保育士・保育教諭をいう）自らの子ども理解を深めるための記録を4つ取り上げ，解説する。どの記録も，書くことにとどまらず，他者と共有し，話し合うことが重要であり，その行為がより子ども理解を深めていくのである。第2節では，その記録の活用方法について述べ，第3節では，記録の書き方のポイントを押さえていく。

1 子ども理解のための多様な記録

　就学前施設（幼稚園，保育所，認定こども園をいう）には，様々な記録が存在する。「全体的な計画」をはじめとする保育の計画書，子ども一人一人の姿をとらえた「個人記録」，就学前施設での様子を保護者に伝えるとともに家庭での様子を把握するための「連絡帳」等も記録の一種である。

　本章で扱う「記録」は，実習生や保育者，子どもの傍らにいる人が，子どもをより深く理解するための記録を指す。オーソドックスな記録として実習日誌があげられるが，実習日誌では，「環境構成」「子どもの姿・動き」「保育者の援助・配慮」「実習生の動き・気付き」等について，時間の経過に沿って記入することが多いだろう。しかし，その他にも記録の方法や様式は様々にある。以下では，子ども理解を深化させる記録をあげ，解説する。

（1）エピソード記述

　まず，「エピソード記述」という記録の書き方があげられる。実習日誌では，その日の保育の中で印象に残った出来事をエピソードに書く場合もあるだろう。では，それは「エピソード記述」と呼べるのだろうか。このことについて鯨岡は，「エピソード記録」と「エピソード記述」を次のように区別している。「心動かされるエピソードを体験したその日に書きとめたもの」が「エピソー

ド記録」であり，「エピソード記録に基づきながら，その出来事を他者に伝えるために書き直したもの」が「エピソード記述」であるととらえている。また，「登場人物やその出来事が起こる前後の出来事などを〈背景〉に示し，〈エピソード〉もその出来事が読み手にイメージできるようにある程度詳細に書く必要が生まれ，〈考察〉において，なぜそのエピソードを取り上げたのかの理由を示す必要がある[1]」とも述べている。つまり，エピソード記述とは単なる記録ではなく，ある出来事を他者に伝えるための手法であり，そこには背景，エピソード，考察の3点がそろっていることが必要とされる。

1)　鯨岡 峻『エピソード記述を読む』東京大学出版会，2012，p.295.

　さらに，鯨岡は，保育におけるエピソード記述は，「一個の主体としての保育者がその出来事をどのように経験したかを描くもの」であり，「エピソードを描く人の心の窓を通して得た経験を描き出すもの」であるため，「自分がこう感じた，こう思ったという保育者の主観が絡んでくる[2]」と述べている。このように，保育者が書きたいと思った出来事について保育者自身の主観を交えて書く方法であるため，エピソード記述を書くことにより，エピソードに書いた対象となる子どもの理解が深まるだけでなく，保育者自身が抱える問題意識がより明確となったり，自らの子ども観等を自覚的にとらえ直すこともできると考えられる。そして，エピソード記述は，他の読み手を想定したものであり，それを他者と共有することが重要である。この点については第2節で詳しく述べるが，エピソード記述を他者と共有することで，先に述べたような自らの問題意識や価値観がより明確になるのである。また，他者と対話する中で，確かだと思っていた自分の「子ども理解」が揺さぶられることもあるだろう。

2)　鯨岡 峻『保育のためのエピソード記述入門』ミネルヴァ書房，2007，p.17.

　エピソード記述は，自らの子ども理解や保育実践を振り返る一つの手法であるが，書くこと自体が目的ではなく，書いたものを他者と共有し，どのように実践に還していくかが重要となる。

（2）環境図記録

3)　河邉貴子『遊びを中心とした保育−保育記録から読み解く「援助」と「展開」』萌文書林，2005，pp.82-83.

　次に，河邉による「環境図記録[3]」である。この記録は，複数の場で同時に展開する遊びをとらえることができ，翌日以降の保育計画につなげる上で有効な形式といえるだろう。

　図7−1のように，「ディズニーランドごっこ」「お土産屋さんごっこ」「11匹のネコごっこ」「学校ごっこ」等の遊びが，どの場所で，誰が参加して行われたかが具体的に記述される。また，環境図の左右に「遊びの姿」として，保育者が読み取った子どもの姿が具体的に書かれている。さらに，その隣には，「子どもの明日の経験に向けて」として，子どもの遊びの姿に基づく，保育者が読み取った「子どもの気持ち」や「保育者の願い」，今後の「援助の可能性」

〈全体の様子〉

1週間の始まりの月曜日だというのに、朝はすごい風雨でしか雨も蒸し暑く、いかにも梅雨らしいと感じている。先週末に父親に次第末に父親に子どもが多く、遊びの目当てを鮮明にもって登園した子どもと、次第明けて日ごろのつながりから仲間には入ったか遊びのイメージが明確でないτどもとの間に少し[開き]があった。遊びが軌道に乗るのに時間のるのも、この梅雨らしい1日である。

環境図記録 2年保育5歳児6月

2年保育5歳児
さくら組保育記録　6月8日(月)
在籍　男児21名　女児14名　計35名
本日の欠席……I男,Q男,E男,G子

子どもの経験　明日に向けて

・F男たちの遊びに関心を寄せ、遊びの幅を広げるよい機会。

★友だちの遊びに関心をもって関わっていける姿を十分に認めていこう。

・いつもの友だち関係とはちがう友だちとイメージを出し合いながら遊園のおもしろさを感じているのだろうか。

★今日を実現していくに喜びを十分に味わわせたい。

遊びの姿

いつもサッカーにとんでいくF男は、雨のため、けやき組のサッカー仲間とはらく、ホールの隅みの机の上に座っていたが、いつの間にか同じホールでやっていたディズニーランドごっこの仲間になっていた。ここはしばらく「サッカーばっかりでいいのだろうか」という思いがあったのか、このように友だちと面白そうな他の遊びに自分から関わっていける姿を見て、心配することはないと認めた。

ディズニーランドごっこでは(金)にCA子がお土産屋をつくったことがきっかけとなり、お土産屋をやりたい言っていた他の遊びに面白そうに見え、お土産屋を持ってきてすぐに材料を準備しておいた。登園するとすぐに準備を始める。(A子,B子,L子)遊びの目当てが十分に明確だった。

お土産屋が準備に入り、S男は早くくらべ技台で遊園地をつくりたかったようであるが、次第明けのA男にイメージがうまく伝わらなかったのか、あるいは月曜日の朝であるためのエンジンのかかりが遅い。

〈ホールの環境〉

他クラスの基地

ディズニーランド（A男,S男,C子,J子）

②お土産屋さんごっこ（A子,B子,L子）

→F男 C男

大型積み木

①ディズニーランドごっこ　F男 C男

ピアノ

〈保育室の環境〉

③11匹のネコごっこ（U男,F子,D子,N男）

④学校ごっこ　保育者,T男,O子,N子,P子

K子 G男

H男

O男,B男

動物園づくり（E子,I子,R男）

製作（H男）

ロッカー

教材置き場

水道

しばらくして学校ごっこの先生役である私が「今日ここに遠足に来るのである男を中心にして、S男、C子、J子の4人で一気に決つていく。学校ごっこに女児が遠足に来たことによって、客を待、イメージがふくらんだようだ。ただし女を待ったさはばジャジャンをつくってくださいと自動で誘っていう...面をつくりたい等それぞれが思い思いに出しながら遊んでいた。

・久しぶりに登園のE子。この広い場所が安定の場となったようだ。

（今日ゲートだけ残して帰る。ここを起点に明日もこの遊びを継続するのだろう。）

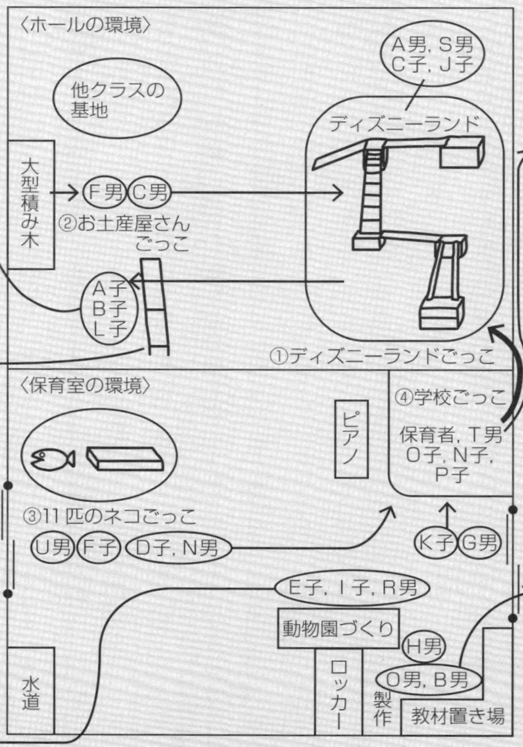

遊びの姿

・11匹のネコごっこ（木）F子の母さんをやっていたしていたことからU男がの釣り場をつけ「ここで魚釣り見できた。今度は私の母さんに。「まで面白そうに見えた。U男さんたちも学校に行って勉強がした。結局全員がネコになって学校の生徒になった。

9:30過ぎ、ネコの母さんをやっていたF子が妹の床の上に出していた段ボールを見つけて魚を描いて器に飾り「ここで魚釣り」と言って魚を描いたのが、今度は私もそうに見えた。U男さんたちも学校に行って勉強がしたい」という。結局全員がネコになって学校の生徒になった。

この遊びが長続きしなかったのは、メンバー間のつながりが薄いためにイメージが合相互に受け入れあって遊ぶことができずいためではないだろうか。だからすぐ、面白そうな遊びに合流してしまうのではないだろうか。

〈今日十分に遊びを得られなかった子ども〉

L男 M男 K男 K男
・基地の場所が得られずにブラブラしているM男K男、材料を工夫して様々な武器をつくっている関係が安定しているのを見過ごしてしまう。

O男 B男
・製作遊びのO男,B男

子どもの経験　明日に向けて

・D子,N男は、この2人以外の友だちと関わる姿を大切にしたい。男も同様。

★学校ごっこのメンバーは保育者との関係を喜んでいるので動きを進め、主体的に動きを進んでいるので。

★メンバーのイメージを引き出しながら遊ぶ関係を喜ぶようになってもらいたい。

明日以降の課題。

図7-1　環境図記録の例

が書かれている。

　このように，環境図記録は，子どもの遊びの空間を俯瞰した図とそこで遊んでいる子どもの姿やその内面について記述し，そこから翌日以降の環境構成につなげやすい形式となっている。就学前施設の保育は「環境を通して行う」ことが原則であり，保育者には「幼児一人一人の行動の理解と予想に基づき，計画的に環境を構成[4]」することが求められるということを考えると，環境図記録は，子ども理解を起点として計画的に環境を構成するという過程を記述するのに適した記録形式といえるだろう。

（3）ドキュメンテーション（documentation）／ポートフォリオ（portfolio）

　近年では，保育において「保育の可視化」が求められている。そのような中で，子どもの活動の様子を記録した写真や子どもの作品等の視覚資料を集積して活動を振り返るための資料とする「ドキュメンテーション」や「ポートフォリオ」の活用が広がっている。このような，子どもの活動を可視化する方法として参考とされているのが，イタリアのレッジョ・エミリア市の幼児教育で用いられている「ドキュメンテーション」である。大宮によれば，ドキュメンテーションとは，「保育者によって，子どもの言葉・活動の過程・作品などが写真・テープ・ノートなど多様な手段で記録・整理・集約されたもの[5]」を指す。ドキュメンテーションを通して，活動における子どもの学びの過程をとらえることができるのである。

　また，請川によると，「ポートフォリオ」は，「子どもの育ちの軌跡を追うためのもの[6]」であり，一人一人の活動の記録を集積することを目的として作られるものである。一方の「ドキュメンテーション」は，活動の記録等，「クラスの中で起こる子ども同士の関係や，子どもと保育者，子どもとモノとの関係など，二つか（二項関係）それ以上のものとの間で起こるある関係性を示したもの[7]」とされ，ポートフォリオが一人一人の記録であるのに対し，ドキュメンテーションは活動の記録としてまとめられたものになる。このような相違はあるものの，請川は，「ドキュメンテーション」「ポートフォリオ」，さらには次頁にあげる「ラーニング・ストーリー（learning story）」を取り上げ，写真及びエピソードを用いて子どもの姿を可視化している共通点をあげるとともに，「すべてをドキュメンテーションと呼んでも間違いではない[8]」と紹介している。

　ドキュメンテーションやポートフォリオには，子どもの活動を写真等の視覚資料を用いて可視化することで，活動時の子どもの様子を保育者どうしで共有

4) 文部科学省『幼稚園教育要領』（第1章第1）2017.

5) 大宮勇雄『学びの物語の保育実践』ひとなる書房，2010, p.39.

6) 請川滋大・高橋健介・相馬靖明『保育におけるドキュメンテーションの活用』ななみ書房，2016, p.6.

7) 6) と同じ，p.7.

8) 6) と同じ，p.8.

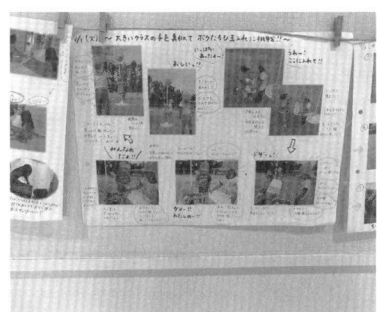

写真７－１　ドキュメンテーション例

写真７－２　ポートフォリオ例
注）　この段ボールの箱は一人一人の製作物を入れ，保存しておくために使用している。

しやすいというよさがある。共有することにより，子どもへの理解を深め，子どもの側に立った援助につなげていくことができるのである。また，これまでの文字を中心とした記録に比べ，子どもの姿がより伝わりやすく，保育者どうしの連携はもとより，家庭や地域との協働・連携を求める際にも有効であるといえよう。さらには，小学校との接続の際にも活用が期待される。

（４）ラーニング・ストーリー（learning story）

　最後に取り上げるのは，ニュージーランドでカー（Carr, M.）らによって開発された，子ども理解のためのアセスメント方法である「ラーニング・ストーリー」である。ニュージーランドの幼児教育カリキュラムである『テ・ファーリキ』では，「断片的で文脈とは無関係な，学校に適応するためのスキルを身につけること」ではなく，「学びの構えを育むこと」を目標にしているが，カーらは，この学びの構えには，５つの領域「① 関心をもつ，② 熱中する，③ 困難ややったことがないことに立ち向かう，④ 他者とコミュニケーションをはかる，⑤ 自ら責任を担う[9]」があると述べている。つまり，保育者は，子どもの欠点に着目するのではなく，関心をもつ姿，熱中している姿，困難に立ち向かう姿，考えや気持ちを表現する姿，役割を担う姿に着目することが重要であり，ラーニング・ストーリーでは，そのような子どもの姿を記録するのである。

　また，ラーニング・ストーリーは，カーらが提唱する子どもの成長を把握する枠組みである『学びの構えの５領域』に基づき，「目標とする学びの構えの５領域のうち１つ以上が一人ひとりの子どもたちの姿の中に現れた場面を生きいきととらえた『スナップ写真』あるいは臨場感のある記録[10]」であると述べている。これに基づき，宍戸・三好は，日本の就学前施設で実際に記録を取ることを想定しながら，ラーニング・ストーリーの手順を説明している。次頁

9）　マーガレット カー，大宮勇雄訳『保育の場で子どもの学びをアセスメントする―「学びの物語」アプローチの理論と実践―』ひとなる書房，2013，p.51.

10）　9）と同じ，p.161.

は，宍戸・三好が提示する手順に基づき，筆者が作成したものである。

ラーニング・ストーリーの手順

① 観察してみたい子ども（1名）を決める。

・記録を取りたいと思った理由も書く。

② その子どもの情報（背景）を書く。

③ その子が関心をもち，熱中している姿をありのままに書く。

・第三者が読んでも，状況がわかるように書く。

・この欄には，自分（記録者）の気持ちや考えは書かない。

④ ③の記録を手掛かりに，その子の中で進んでいる学びや可能性を書き出す。

・その子は，困難なことややったことがないことに立ち向かっているか？

・その子は，どのように自分の考えや気持ちを表現しているか？

・その子は，どのような責任のある行動をとっているか？

⑤ ③と④を手掛かりに，その子は次に（明日）どのようなことをするか，その子の学びを保育者として，どのように支援できるかを考える。

・その子は，これからどのようなことをやりたがるか？

（明日，今やっていることをどのように発展させていくか？）

・明日，どのように環境を整えてみるとよいか。

⑥ タイトルを考える。

・記録した子どもの姿にタイトルを付けるとしたら，どのようなものがふさわしいか考える。

※④〜⑥は，一人で考えた後，数人で話し合う。

出典）宍戸良子・三好伸子『子どもの育ちをとらえるラーニング・ストーリー－いつでも，どこでも，だれでもできる観察・記録・評価－』北大路書房，2018，pp.48-51. を参考に作成．

これまでに取り上げた記録もそうであったように，ラーニング・ストーリーにおいても，その記録を保育者どうしで共有し，話し合うことが重要である。様々な意見が出されることによって，子どもを多角的にとらえ，理解することができる。多様な意見を聴き合うことにより，その子どもの様々な可能性に気付くことができ，子ども理解を深めていくことにつながるのである。

2 記録の活用方法

記録を書くことで，子ども理解を深め，よりよい保育につながることは，前節に述べたことで理解できたのではないだろうか。ここでは，改めて記録の意味を考えるとともに，その活用方法について述べていく。

（1）自分の保育を振り返る

　まず，記録は自分の保育を振り返るためにある。記録を書くことにより，自らの保育実践を振り返り，その時の自分の思いや感情を意識することができる。

　河邉は，「保育に生きる記録」の意味として，「記録が次の保育の構想につながること」「自分の保育に対する枠組みを自覚し，広げること[11]」であると述べている。

　1つ目の，「次の保育の構想につながること」について考えてみよう。保育においては，子ども理解に基づいて計画的に環境を構成し，実践を行うが，その実践を振り返ることが必要不可欠である。記録をもとにすると，環境構成や子どもへの援助は適切であったのか，他の可能性はなかったのかを考えることができる。また，援助が適切でなかったときには，そもそもの子ども理解が間違っていたのかもしれない，違う理解の仕方があったのかもしれない，というところまで考えることが重要である。そしてこれは，記録を通して，一人一人の子どもについての理解を深めることでもある。

　2つ目の「自分の保育に対する枠組みを自覚し，広げること」というのは，記録の背後にある自らの子ども観や保育観等の保育をとらえる枠組みを自覚するということである。このような価値観は普段は意識しづらいものであるが，記録を書くことがそれに気付くきっかけになる。

　このように，記録を書くことで，自分の保育を振り返ることができ，自らの子ども理解や子ども理解を支える様々な価値観に気付くことができるのである。

（2）記録をもとに保育を共有する

　次に，記録は，他者と保育を共有することにつながる。話すことによっても共有は可能であるが，文章等で残された記録があることで，話し合いを深めることがよりスムーズになる。

　保育者を目指す学生であれば，次頁のような記録を用いたエピソードの検討を勧めたい。このエピソード検討の目的は，実習において自分がしてきた子どもに対する理解や関わりを再検討することを通して，その意味や妥当性を確認するところにある。また，自分が経験した場面で，異なる理解の仕方や関わり方があり得るかを検討し，保育における子ども理解やそれに基づく関わりに対する考え方や選択肢の幅を広げることにもつながるだろう。

11）　3）と同じ，p.53.

| 記録（実習日誌）を用いたエピソード検討 |

① 　3 〜 4 人のグループになり，発表者，進行役，書記を決める。

② 　検討するエピソードをグループのメンバーに配布し，発表者が読み上げる。

③ 　事実関係を整理する（質問に応じて補足，エピソードに色ペンで書き込む）。

・何がどのように起こったのか。

・子どもの行動の過程，前後関係，表情や言葉。

・書き手は子どもの何を観て，聴いて，どのように理解したのか。

・書き手はどのような意図で，どのように援助をしたのか。

④ 　エピソードの検討を行う（ここから書記は記録をする）。

・書き手の保育行為の根拠。

・保育行為の子どもにとっての意味。

・保育行為としての妥当性。

⑤ 　他の可能性について考える（できるだけ多くの意見を出す）。

・他のとらえ方はなかったか。

・そのとらえ方であると，どのような援助につながるか。

・別のとらえ方による援助は，子どもにとってどのような意味があるか。

⑥ 　様々な理解の仕方や保育行為のよさ，限界を考える。

※④〜⑥の検討が進まないと感じたら③に戻り，事実の詳細を明らかにする。

3　記録の書き方

　本章の第 1 節から，記録には多様な方法や様式があることが理解できたであろう。あえて書き手の主観を交える記録もあれば，事実と主観をわけて書く方法もある。

　しかしながら，いずれの場合も，子どもの姿を記録に書く場合には，子ども主体の表現で書くことが望ましい。また，あいまいな言葉で表現せず，目の前の子どもの姿や起こった出来事について具体的に書くことが重要である。例えば，「A 君はつまらなそうだった」は，保育者主体の（保育者が感じた）言葉であり，また何が起きたか具体的には不明である。これを子ども主体の視点で言い換えると「A 君は B 君たちのグループが遊んでいるところを数分眺めては，また別のグループが遊んでいるところを見て回っていた」等となる。このように子ども主体で具体的に言い換えてみると，「A 君はつまらなかったのではなく，何か熱中して遊びたいと思うものを探していたのではないか」という理解

が可能となり，次の援助へとつながる。

　記録を書くことが好きではない，苦手だと感じる人もいるだろう。しかし，まずは以上のことに気を付けながら，記録を書いてみてほしい。

● 演習課題

課題1：実習の事例についてグループで話し合ってみよう（p.58の「記録（実習日誌）を用いたエピソード検討」を参考に）。

課題2：就学前施設における子どもの遊びの映像や写真を観て，ラーニング・ストーリーを実践してみよう。

　　（1）一人で記録する（p.56の「ラーニング・ストーリーの手順」の①〜⑥を行う）。

　　（2）グループで話し合いを行う（p.56の「ラーニング・ストーリーの手順」の④〜⑥を行う）。

コラム　　学生たちがラーニング・ストーリーに挑戦してみると…

　下記の写真（A児，1歳3か月）を観て，学生たちがラーニング・ストーリーに挑戦してみました。学生たちは，「手元に目線を向けて，カップを重ねようとしている」「座り込んでカップを重ねることに集中している」等と，A児が関心をもち，熱中している姿を様々にとらえていました。また，「隣に置いてあるリングを通す積み木ができるようになったから，次の新しいことに挑戦しているのでは」と，A児がやったことがないことに立ち向かっていることを読み取り，このA児の中で進んでいる学びを次にどのように支援していけばよいのかについて考えました。

　以上のようにラーニング・ストーリーを展開していったのですが，話し合いを通じて，子ども理解以外にも気付いたことがあったようです。それは，「何が正解なのだろうと考えてしまう自分がいた」「いつも一番最初に発言する」「言いたいことがなかなか言えない」「0から考えるのは苦手だけど，話し合う中で出てきた意見を深めていくことはできる」等という，それぞれの参加者自身の傾向です。子ども（他者）理解をすることは，自己理解にもつながります。それは，保育者（または保育者を目指す人）にとって，とても大切なことです。また，なにも全員が積極的に意見を言えればいいわけでなく，落ち着いて見守り，場を調整する人もまた必要です。自分の特性や傾向を自覚して，それを保育実践の場面でも活かしてほしいと思います。

写真7－3　何をしている？

第8章

子ども理解を深める保育者を育てる

養成校教育において「子ども理解」をいかに深めることができるのか。
本章では，養成課程におけるカリキュラムを「子ども理解」の視点から
整理した上で，学生の「子ども理解」が深まる様相を例示し，養成課程に
おける学生の成長の姿を描きだしていく。

1 養成校教育における子ども理解

　養成課程において，子ども理解は学修の中核であるがゆえに，多様な学びの
機会が設けられている。ただし，そこで得た知識・体験・気付きを最終的に相
互連関させ，実際的な子ども理解へと昇華させていくのは，学生自身である。
しかし，時に，学生は自らの学びに手ごたえが感じられなかったり，現前の課
題がどのように子ども理解につながるのか見通しがもてなったりと葛藤するこ
ともある。そのため現前の学びを俯瞰的にとらえる視点が必要となろう。
　そこで以下，養成課程の学びを子ども理解の観点から整理した上で，子ども
の物語としてエピソードを語ることが，養成校教育の多様な学びの結束点とな
り得ることを示す。

（1）養成課程における子ども理解の位置付け

　養成課程における学びの場は，大きく3つある（図8－1）。1つめは学内の
講義・演習形式の授業であり，2つめは，学生の自主的なボランティア等の実
践の場である。そして，3つめは，実習ならびに実習に関わる事前事後の授業
である。それぞれの学びを概観すると次のようになる。

1）授　業
　保育士資格・幼稚園教諭免許状取得に関する授業は，厚生労働省・文部科学

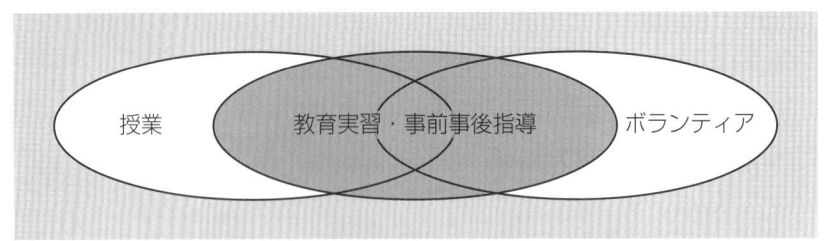

図 8 − 1　養成課程における学びの構造

省の省令により履修すべき科目・単位数が明記されている。保育士資格に関しては，指定保育士養成施設指定基準[1]により，必修科目が指定されている。子ども理解に関しては，「保育の対象の理解に関する科目」群が中心となるが，「保育の内容・方法に関する科目」群においても，子ども理解に基づいた保育の計画及び評価が学習の目的となっており，両者に直接な連続性がある。

2）ボランティア等

学生の学びは，学内だけに閉じたものではない。2008（平成20）年，文部科学省の中央教育審議会が「学士課程教育の構築に向けて[2]」（答申）において，幅広い学び等は，一般教育や共通教育，専門教育といった科目区分のいかんによらず，学生の自主的活動も含むことが明記されている。

実践的な学習の様式として，正統的周辺参加[3]という考えが提唱されている。正統的周辺参加とは，実践共同体という学習の集団の中に新参者として受け入れられ，「実践の文化」を吸収し，吸収される状態を指す。ボランティア等において，園側は学生を実習生という指導の対象ではなく，自主的な学び手として受け入れ，学生も自らの課題に応じ，周辺的な参加から次第に十全的な参加へと関わり方を変容させていく。

3）実習・実習（事前事後）指導

実習の場において，学生は実習生として保育に直接に関わる。子どもと初めて出会ったその日から，子ども一人一人の興味・関心はもとより，クラス内の関係性や園や家庭でのこれまでの子どもたちの体験を多層的に読み取りながら，保育行為を選んでいく。

事前指導は，実習以前の大学等での学びを実践的に活用できるよう，保育場面を想定しながら保育内容を構想したり，主体的な教材研究へと学生を導く。一方，事後指導は，実習での自らの体験の省察や他者との対話を促すことで，子ども理解を深めたり，学内での授業・演習の動機付けを高めるよう計画されている。

1）厚生労働省雇用均等・児童家庭局「指定保育士養成施設の指定及び運営の基準について」（令和元年9月4日一部改正）.

2）中央教育審議会「学士課程教育の構築に向けて」（答申），2008.

3）ジーン レイヴ・エティエンヌ ウェンガー，佐伯胖訳『状況に埋め込まれた学習−正統的周辺参加』産業図書，1993，pp.71-105.

表8－1　指定保育士養成施設指定基準で示されている必修科目一例

保育の本質・目的に関する科目	例：保育原理・教育原理・子ども家庭福祉・社会福祉・子ども家庭支援論
保育の対象の理解に関する科目	例：保育の心理学・子ども家庭支援の心理学・子どもの理解と援助
保育の内容・方法に関する科目	例：保育の計画と評価・保育内容総論・保育内容演習・乳児保育Ⅰ
保育の表現技術	例：保育の表現技術
保育実習	例：保育実習Ⅰ・保育実習指導Ⅰ
総合演習	例：保育実践演習

（2）学びの結束点として，子どもの物語を語るということ

　子どもの物語としてのエピソードは，さきに示した3つのいずれの場でも共有される。例えば，授業では，授業者が保育に関するエピソードを語ることもあれば，特定のエピソードをもとに学生が考察を深めることもあろう。ボランティアや実習等の実践の場においては，子どもとの関わりを通して子どもの物語が自然とたちあがる。また，実習場面で，過去のエピソードを振り返り，実際の場面で保育行為を選択することもあろう。つまり，エピソードは，時と場所を越え，保育に関する学びをつなぎ合わせ，学生の子ども理解を螺旋的に高めていくという点で，養成課程における学びの結束点として機能し得る。

2　学生の子ども理解の育ち

　養成課程を通して，学生はエピソードをもとに子ども理解をいかに深めていくのであろうか。ここでは，学生の成長の姿を4年間の成長を振り返るインタビュー分析ならびに各学年での質問紙調査をもとに紹介する[4]。

（1）エピソードの語り手となるまでの4年間の軌跡

　4年制大学の4年次に実施した学生のインタビューにおいて学生には，それ以前に出会った保育のエピソードやエピソードに関する感想等を自由に振り返ってもらった。なお，学生が所属する大学では，保育現場への実習は，2年後期（保育実習Ⅰ），3年前期（保育実習Ⅱ），3年後期（幼稚園教育実習），4年前期（保育実習Ⅲ）で実施されていた。また，学生は，様々な機会を通して，1年次よりボランティアの参加が促されていた。

4)　湯澤美紀・上田敏丈・入江慶太・片平朋世「学生がエピソードの語り手となるまでの4年間の成長」保育学研究，56号，2019，pp.79-90.

1）1年次

　学生は授業の中で子どもたちとの実践を語る授業者と出会う。そこで語られるエピソードの新鮮さと心動かす内容に，授業者をエピソードの語り手として尊敬していった。ただし，エピソードについては外側から眺めるかのようにとらえていることが特徴的であった。

2）2年次

　ボランティア参加が大学側からいっそう促される。就学前施設（幼稚園・保育所・認定こども園をいう）等の保育の場に身を置きながらも，学生は，子どもの気持ちのつかめない感，関われない体験，何もできない感を抱き，あたかも保育が素通りしているといった感覚を抱いていた。しかし，こうした焦燥感にも似た感情の生起は，子どもの心の動きをとらえようと意識が向き始めたことを示唆するものであった。

3）3年次

　保育への参加はより主体的となる。学生は，実習の中で子どもの気持ちが，ふっと引き出せたり，理解できたり，時に，子どもから好意的に受け入れると実感できた瞬間的な「きらめき体験」を語り，一瞬の心動く出来事を，エピソードとして仲間や保育者と共有し始める。一方，その体験をエピソードとして書けない不思議さに戸惑っていた。

4）4年次

　エピソードをより現実的にとらえ，子どもや保育者の視点を多面的に読み解きながら，保育の場で動きながらエピソードの中に保育の意味を問う等の省察が深まっていった。また，エピソードを現場の保育者（幼稚園教諭・保育士・保育教諭をいう）と実際の場面の中で共有し始めた。これはエピソードについての実践家的理解の萌芽といえ，卒業後に通底する主体的な学びの姿勢を身に付けるに至ったといえる。そして，授業にも，自らの実践を通した学びが活かされ，学びの統合が行われていった。

事例8－1　省察の深まり

学生A：「（授業のエピソードも）現実味を帯びて，理解できるし，聞いてる感覚も違うなって，やっぱりリアリティーなのと，子どもの気持ちとかを考えているところが（以前と）違う」
学生B：「ちゃんと授業になったというか」

　4年を掛け，学生は，エピソードのとらえ方を受動的から主体的へ転回させ，同時に，エピソードを外から眺める第三者としての理解から実践家的理解へと理解の質を変容させた。そして，エピソードを今後の保育現場においても語り続けたいといった希望を抱くに至った。

（2）エピソードを語ることで育まれる多面的な読み取り

　エピソードのとらえ方の変化について，1年次から4年次の学生に対して，インタビューの内容をもとにしたアンケート調査[*1]を行った。

　「エピソードを語ることは，保育者として重要なことだと思う」といったエピソードについての「価値」についての認識は，学年ごとに漸次向上しており（図8−2），学生は，エピソードを語ることに価値を見出し，将来にわたってエピソードを語り合いたいといった意欲を向上させていくことが示された。

　「エピソードについてより多面的に，より深く読み取ることができる」等，エピソードの「解釈」に関しては，4年次において初めて向上していた（図8−3）。これは，さきのインタビューにおいて，4年次で確認できた「実践家的理解」への転回の時期と重なるものである。

＊1　調査対象は1年73名，2年81名，3年57名，4年59名の計270名であった。各項目ごとに4段階の評価を求めた。年齢（4水準：1年・2年・3年・4年）×項目（各観点：価値・解釈・リテラシー・共有感）の2要因の分散分析を行った結果，年齢に関する主効果が確認され，各観点ごとに多重比較を行った。

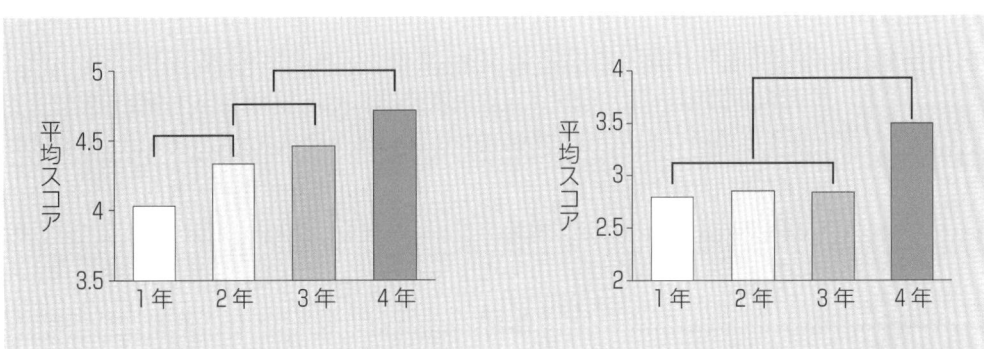

図8−2　学年別エピソードの「価値」についての認識（最大5）

図8−3　学年別エピソードの「解釈」についての認識

出典）側注の4)と同じ.

3　エピソードからの学びの深化
−ある授業での学生の育ちの姿−

　では，学生がエピソードと出会うことによって，どのように学びを深めていくのだろうか。ある授業での学生の育ちをもとに紐解いていきたい[5]。実際の保育の場に通い，子どもが織りなす保育の物語をエピソードとして記録し，語り合いを中心とするカンファレンスを重ね考察を深めることを基礎とした授業である。

5)　湯澤美紀「エピソード記述を通した学生の育ち—幼児理解の深まりを目指して—」保育士養成研究，32号，2014，pp.61−69.

授業の概要は次の通りである。まず，子どもを理解するための様々な心理学的アプローチについて学んだのち，3，4人から構成される小グループごとに自らの関心に応じたリサーチクエスチョン*2を導く。その後，学生は実際に園に訪問し，自由な遊びの時間にて間主観的*3に子どもと関わりながら，自らの心動いた瞬間を記録する（観察局面）。そこでのエピソードをもとに，後日，授業内でカンファレンスを重ね，エピソードの考察を深める（カンファレンス局面）。観察局面とカンファレンス局面を約5回往還したのち，最終的に研究報告書としてエピソードをまとめていく。

ここでは，学生自身の育ちの姿として，①子どもの時間に生きる，②肯定的な読み取り，③動きながら考えるという3つの観点から紹介していく。

リサーチクエスチョン例

> 幼児の遊びに物語はあるか
> 自然物が幼児の遊びにどのように取り込まれていくか
> 物的環境によって引き出される子どもの遊びとは
> 幼児の心象世界を探る―幼児のファンタジー発言に着目して

（1）子どもの時間に生きる

大人の目には何もしていないように見える子どもの姿の中に，実は子ども自身の感動や発見が潜んでいる場合が多い。そこでは必ずしも子ども自身の言葉が伴うとは限らない。学生の多くは，園に足を踏み入れてすぐに，「何が子どもの物語であるのかわからない」としばしば訴える。その理由の一つは，子どもの姿や出来事をあたかも風景のごとく遠視的に眺める姿勢から逸脱できないこと，もう一つの理由は，ステレオタイプ的に子どもの行為を「うれしそう」「悲しそう」とラベリングするがゆえに，行為の真意を汲み取ることができないことにある。両者を克服する姿勢が，「子どもの時間」に生きることである。

授業の中で，あるグループは，登園直後に園庭の大型遊具で遊んでいたC児に出会ったエピソードを話した。

事例8－2　C児の時間を想像してみる

　C児は遊具から滑り降り，地面に落ちていた大きな木の枝を発見し，小さく口元を緩ませ，にやっと微笑んだ。C児は目の前にいたD児に葉が多く付いている方の枝を向け，小刻みにゆっくりと左右に振りはじめた。「カサカサ」と，葉と葉が互いにこすれあう音がわたしの耳に届いてきた。C児は，枝を振りながら，自らの視線をD児から枝へ，枝からD児へと移すと，D児はくすりと笑った。C児もつられて笑い出した。

＊2　リサーチクエスチョン

「知りたいことを問いの形にして言語化したことを」意味する。

高野陽太郎・岡隆編著『心理学研究法－心を見つめる科学のまなざし』有斐閣アルマ，2004，p.188.

＊3　間主観的

間主観的とは，「「あなた」の主観のある状態が「あなた」と「私」の「あいだ」を通って「私」の主観の中に伝わってくること」を意味する。

鯨岡峻『ひとがひとをわかるということ－間主観性と相互主体性』ミネルヴァ書房，2006，p.117.

　C児は何一つ言葉を発していない。そのことによるとらえにくさから，学生はこの場面を何度も語り合った。学生は時にC児の行為を模倣しながら，彼の心の動きに思いを重ねるうちに，C児と同じ時間の流れに身を置けたのである。

（2）肯定的な読み取り

　あるグループは，学生の目に「ちょっと気になる」子として映ったE児を中心とした対人葛藤場面をエピソードとして記録していった。その後，カンファレンスで語られるD児の描写と学生の口調には，どことなく「どうして～できないのか？」といった評価感情がかすかに漂っているように感じられた。

　そこで授業者は，E児の関心の視座からエピソードを再び読み解くことを提案した。学生はエピソードを語り直すうち，対人葛藤が引き起こされる直接的な要因の一つに「水」があることに気付くようになった。それ以前「砂場大戦争」として語られたエピソードにおいて，他の子どもが池に見立てていた砂場の水たまりから追い出されても，その中で四つん這いになり雑巾掛けをしていた姿や，グラスの中にあったマリモをもっと見たくなり，結果，グラスを倒してしまった姿にも，その時々にE児は水の感触や水を透過して見えるものの美しさに心奪われていたのかもしれないという気付きを得ていった。

　子どもの視点でエピソードを振り返ることで，評価の対象ではなく遊びの主体者として，再びE児と出会い，そのありのままの姿を肯定的に受け止めていくことができるようになった。

（3）動きながら考える

　「なにしているのー？」。遠くの友だちに声を掛けるF児は，友だちとつながりたい気持ちで溢れているようであった。学生は，そのような場面を何度か観るうちに，F児が仲間入りを試みるも，実際に遊びに入らないことが多いこと，加えて，学生たちの関わり方が，F児の遊びの展開を左右していることに気付き始めた。様々な疑問を抱え，学生は再び保育の場へと戻っていった。

事例8－3　動きながら考える

　お寿司やさんごっこの場面である。F児は学生の手を引いて入ろうとしていた。F児との関わり方に迷いながらも，学生は他の子どもたちの見立てを，あたかも「実況中継」するかのように，店員役のG児が差し出したパックを指さしながら，「Gくんはおすしを持ってるんだ。Gくんのおすし見せてほしいな」とF児を意識しながら伝えてみた。「これはなに？」とF児がお寿司を指さすと，G児は「わさびだよ」「こっちはのりまき」と説明を返した。するとF児は，安心したようにG児と目を合わせ微笑むとその遊びに入っていった。

　　　　学生は，自分の存在や関わりに悩みながら，「動きながら考える」という態度を身に付けていったのである。

　　　　現場で子どもとの出会いを重ね，エピソードを語り合う行為を通して，子どもが織りなす物語をキャッチしていく感性と物語を読み解く際の温かなまなざしは育まれる。

● **演習課題**

課題1：あなたの心に残る保育の場でのエピソードを友だちに伝えてみよう。

課題2：カンファレンスで子ども理解が深まる理由を考えてみよう。

課題3：自己の成長を，子ども理解の深まりの観点から振り返ってみよう。

コラム　　保育者のキャリア形成：保育の場で学び続ける

　保育者として子どもたちと関わる限り，保育者は自らの専門性について終わることのない自己研鑽を進めていくことが求められる。日々の保育を振り返るといった日常的な省察と同様に，ねらいを明確にした研修会等，学びを深める機会は様々である。実際，そうした保育の場で学び続けることについては，以下の通り，法的根拠がある。

保育士
児童福祉施設の設備及び運営に関する基準　第七条の二
幼稚園教諭
教育基本法　第九条・教育公務員特例法　第二十二条
保育教諭
教育基本法　第九条

　ただし，みなさんは，そのことについて「研修をしなければいけない」といった制度上の圧力を感じる必要はない。むしろ，自らが研鑽を積みたいと思う際，それは制度として下支えされていると認識してほしい。

　研修の具体的な内容について，厚生労働省通知（雇児保発0401第1号平成29年4月1日）の「保育士等キャリアアップ研修の実施について」を参考にすると，「乳児保育」「幼児教育」「障害児保育」「食育・アレルギー対応」「保育衛生・安全対策」「保護者支援・子育て支援」「マネジメント」「保育実践」の8領域が研修分野としてあげられている。特に，「保育実践」は，ねらいとして，「子ども理解を深め，主体的に様々な遊びと環境を通じた保育の展開を行うために必要な能力を身に付ける」と記述されており，子ども理解がその中核として扱われている。

　養成課程で修得した子どもから学ぶ姿勢と子どもの物語を語り合う仲間どうしの学び合う姿勢は，現場の保育者として専門性をさらに向上させていくプロセスにおいても基本である。養成校教育から保育現場の連続性がここにある。

第9章　乳児の遊びと生活をとらえ直す

本章では，エピソードを通して，遊びや生活の中での経験が乳児にとってどのような意味があるのか，保育者（幼稚園教諭・保育士・保育教諭をいう）はどのようにとらえているのかを考える。保育において最も大切なことは子どもの心を理解することである。その手掛かりになる事柄についても触れていく。

1　乳児にとっての遊びとは

乳児保育において，遊びと生活を別々のものとして考えることはできない。遊びは生活につながり，生活は遊びにつながっていることを念頭に置いて，保育を全体的にとらえる必要がある。

子どもたちは，夢中になって遊ぶ中で多くのことを学んでいる。乳児にとって遊びは，学びでもある。遊びによる経験と，感覚や運動の発達によって，模倣や学習，記憶などの認知能力を働かせ，理解や行動が変わっていく[1]。

また，遊びでは「夢中になること」，生活では「安心であること」が大切だといわれる。学びが最もよく行われるのは，心地よく安心している時である。不安な時，不快な時には，学びに関わる脳（海馬[*1]）の働きが抑制されてしまう[2]。遊びによる豊かな学びを保障するためには，安心して過ごせる生活の保障が大前提になる。逆に，遊びによる達成感は心を満たし，情緒の安定や生活リズムにつながる。安定感をもって，安心して過ごせる生活のためには，夢中になって遊ぶことが必要なのである。

1) 小椋たみ子・遠藤利彦・乙部貴幸『赤ちゃん学で理解する乳児の発達と保育 第3巻 言葉・非認知的な心・学ぶ力』中央法規，2019，pp.98-99.

*1　海　馬
大脳辺縁系にあり，体験の記憶を記憶貯蔵庫に知識として蓄える働きをする。情動（快・不快）を司る扁桃体の近くにあり，その影響を受ける。

2) 内田伸子『子どもの見ている世界 誕生から6歳までの「子育て・親育ち」』春秋社，2017，p.43.

2　エピソードから理解する乳児の遊びと生活

事例9－1　Aちゃん，いく　1歳児

昨日の雨が水たまりをつくって，園庭には泥んこができてい
た。A児は，午前おやつを食べ終わって園庭に出てきて，それを
見つけた。ひとり，泥んこのふちにしゃがみこんで，泥の中に手
を入れた。かき回したり，ぺたぺたと叩いたりしていたが，その
うち泥んこを両手で握りとって，おだんごを作り始めた。

両手を交互に上下にして，おだんごにしていく。しばらくし
て，ペタンと下に落としてしまった。すると，また泥をつかみと
って，おだんごにし始める。20分ほども，ひとりで繰り返し，お
だんごを作っていた。

Z先生が通りかかって，「あら〜，Aちゃん，いいね」と声を
掛けると，顔を上げてほほ笑み，またおだんごを作り始めた。

写真9－1　おだんご作り

10分ほどして，「Aちゃん，ごはん食べる？」Y先生が聞きに来た。Aちゃん以外の1歳児た
ちはもう部屋に入っていて，園庭に残っていたのはAちゃんひとりだった。Aちゃんは，また顔
を上げて首を振った。「まだ遊ぶのね」とY先生は離れていった。

それからも，おだんごを作ったり，落としたおだんごを泥の中でかき回したりしていた。5分
ほどして，「Aちゃん，いく」とつぶやいて立ち上り，1歳児クラスのテラスへ歩いていく。テ
ラスに着くと，座って靴を脱ぎ始めた。

「Aちゃん，おかえり」とY先生が迎え入れてくれた。

Aちゃんたちがお昼寝している間，Y先生はX先生に「Aちゃん，おだんご上手ね。手先が器
用。今日，午前中ずっとやってたよ」と話した。X先生は，A児が0歳児のときの担任である。
「そう，ほんとはなんでも器用にできるの。でも，できると思えるまで手を出さないから。それ
まで，じーっと人がやるのを見てて」と，X先生は答えた。はずかしそうな，うれしそうな表情
だった。

そういえば，3日ほど前，5歳児が泥団子を作っているのを，Aちゃんはつかず離れずして見
ていた。そのうち，きれいなお団子を「ちょうだい」「ちょうだい」と言って5歳児のおねえさん
にくっついていて，「Aちゃんが，ちょうだいって言う…」とおねえさんは少し困り顔だったの
である。

（1）Ａ児にとっての遊びの意味

　Ａ児は，ぺたぺたした，ひんやりと冷たい，何度でも形が戻る，どんな形にもなる，そんな感触に夢中になっている。いつまででも触っていたい，泥の中に心が溶けてしまいそう…そんな感じかもしれない。

　夢中になって，時間を忘れてその世界に没頭して遊ぶことの中で，世界と自分が一体になり，その境界が溶けてしまう「溶解体験[3]」をしている。自分が保育園にいることも，もうすぐごはんの時間だということも，頭から消えて，Ａ児は「いま，ここ，わたし」を生きているともいえる[4]。

　泥の感触に浸っているうちに，昨日の5歳児のお姉さんたちのすてきな泥だんごを思い出したのだろうか。手をこんな風にして…と見たようにまねしてみると，思った通りおだんごになってくることがわかって，何度も確かめてみた。

　十分に触って，納得すると，ふと現実の世界に戻ってきて，「お部屋に行って，ごはん食べよう」と思ったのかもしれない。「Ａちゃん，いく」とつぶやいたのは，気が済むまでやった，達成感を味わえたということなのだろう。

　達成感は，子どもの心を満たす。すっきりとした気持ちになったり，自分に自信が出てきたりする。そのことが，生活のリズムをスムーズにしたり，自分でやってみようとする気持ちを湧き起こさせたりする。だから，子どもの生活や遊びの中で，達成感を感じることはとても大切なのである。

（2）Ａ児を見守る保育者の視点

　Ｚ先生は声を掛けるが，一緒に遊ぼうとはしていない。Ｙ先生もごはんに誘うが，説得しようとはしていない。Ａ児の姿を見て，Ａ児にとって，ひとりで集中できることや，納得するまでやることが大切な時間だと考えたからである。

　保育者たちは，その子どもにその時必要なことは何かを，瞬間的に読み取って対応している。一緒に遊ぶことか見守ることか，生活リズムを整えることか納得するまで遊ぶことか…。

　保育者の瞬間的な判断は，日頃，子どものその瞬間の心に共感することや，子どもの発達をとらえて必要な関わりや環境を考えること等を，日常として積み重ねてきたことによって，直感的と思われるほど自然なことに見えるようになる。

　Ａ児の方にも，先生たちから遊びを邪魔されることはないという安心感があるように見える。それは，日頃から，気持ちを理解され，温かい関わりを積み

3）今井光章編著『森のようちえん　自然のなかで子育てを』解放出版社，2011，pp.151-156.

4）曽我幸代「持続可能な社会の形成に向けた幼児教育に関する一考察−『人間存在を深める』子どもの遊びに着目して−」名古屋市立大学大学院人間文化研究科人間文化研究，第25号，2016，pp.49-61.

重ねてきたことによって，信頼関係がすでに育まれていたからだといえる。

　　X先生は，A児の引っ込み思案で，なかなか自信がもてない個性を理解した上で，気に掛けていたことがわかる。A児が自分から遊びを見つけて，よく遊んでいた話を聞いて，自分のことのようにうれしく思ったのだろう。子どもへのまなざしには，直接的，瞬間的なものと同時に，間接的，長期的なものもある。

事例9−2　Bくん，こっち　2歳児

　2歳児クラスのB児は，もうすぐ3歳になる。走るのも，お話もとても上手である。1歳児から進級したここ1か月ほどは，おむつではなくパンツで過ごしていることがとてもうれしくて，顔を会わせる保育者みんなと，

　　B　児：「Bくん，パンツなんだ〜」

　　保育者：「ほんとに？　どれどれ，見せて」

　　B　児：「いいよ」（ズボンを少しめくってパンツを見せて）

　　保育者：「ほんとだ〜！　かっこいいね」

こんなやり取りを繰り返している。

　その年は，5月になって，新型コロナウイルスの感染拡大防止のために保育園は保護者に登園自粛をお願いすることになり，それでも仕事や家庭の都合で登園していた少人数の子どもたちが，1歳児から5歳児までの合同クラスを編成して生活する日が1か月ほど続いた。

　すると，B児は，4歳児のC児，D児2人の姿に夢中になった。園庭では，虫集めをする2人から片時も離れない。2人が虫を入れるために持っているバケツと同じバケツを自分も持ち，虫を入れたバケツを一緒にのぞきこみ，虫を触ったり，一緒に探したりしている。C児，D児も積極的に仲間に入れているようではないが，B児が大事なバケツを触ったり，大きな声で会話に入ってきたりしても，許している。じゃま者扱いせず，認めてくれているようだった。

写真9−2　二人の姿に夢中

　保育室に帰ってきてからも，C児，D児と一緒に幼児用のテーブルで給食，おやつを食べ，2人の会話になんとか参加している。2人が笑えば一緒に笑い，テーブルを叩けば一緒に叩いて面白がっている。2人がおかわりをすれば，自分もおかわりするためにせっせと食べている。

　そして，トイレにまでついていく。C児，D児は，男児用の立ち便器でおしっこをするが，B児はずっと乳児用のすわり便器でおしっこしてきた。一緒にトイレに行っても，自分はすわり便器でしていた。

　保育者の間では，B児の姿が面白くて「Bくんは，CくんとDくんに弟子入りしたのね」「ず

っと一緒」と笑って話していた。

　ある日，C児とD児はお迎えが来て帰ってしまい，B児はお迎えが最後でひとりになった。お迎え前にとW先生に誘われてトイレ行ったB児は，「ぼくも，こっち」と，立ち便器でしてみるという。はじめてではあったが，W先生が「Bくん，してみる？　いいよ，やってごらん」と促してみると…。両手で握るところや，はみださないようにするコツもよくわかっていて，ほとんど一人でできた。W先生の方が驚いて，「Bくん，立ってできました！」とY先生に報告した。Y先生は「わあ！　すごいね，Bくん！」とB児に言葉を掛けた。B児はトイレから戻ってきて，ニコニコしているだけだった。

　ちょうど母親がお迎えに来て，Y先生が母親に立ち便器でおしっこできたことを報告すると，母親が「(笑って)へ～，すごいね。立ってしたの？」と言葉を掛けると「うん，そうだよ」と，B児はなにごともなかったかのように答えて，帰っていった。

（3）B児にとっての4歳児との生活の意味

　B児の心は，4歳児の2人への憧れ(あこが)れでいっぱいである。憧れはB児の心をときめかせ，いつもの保育園なのに，遊びも生活も新鮮で，刺激的なものになっている。

　B児は，4歳児2人のまねをするようになる。園庭では同じバケツを持ち，一緒に虫を探し，食事場面では机を叩いたり，笑ったり同じようにする。

　同じものを持つことや同じ動きをすることは，仲間入りの方略や仲間意識の共有であり，親しさを表している[5]。B児は4歳児2人の仲間になろうとし，仲間になったつもりである。B児自身は，つもりではなく，「仲間だ」と思っているのだろう。そして，それは2人にも受けいれられてうまくいっている。

　0～2歳児の仲間関係における模倣には，学習としての模倣，コミュニケーションとしての模倣，表現としての模倣という機能がある[6]。B児の遊びや食事場面でのまねは，コミュニケーションであり仲間関係を作った。また，4歳児のまねをしてみることで，立ち便器でのおしっこができた。社会的スキルを一つ，学習したといえる。

　4歳児2人への憧れは，B児の自己イメージ，「おにいさん意識」にも変化を与えている。おむつからパンツになった，「おにいさんになった自分」を喜んでいるB児から，「もう，おにいさんだから，おにいさんのトイレでするのは当たり前だよ」とでもいうような「おにいさんである自分」を当たり前だと思うB児への変化である。

5)　砂上史子・無藤隆「保育における身体性(2)―子どもが他者と同じ物を持つこと・使うことと仲間意識―」日本保育学会第53回大会研究論文集，2000，pp.54-55.

　砂上史子・無藤隆「子どもの仲間意識と身体性―仲間意識としての他者と同じ動きをすること―」乳幼児教育学研究，8，1999，pp.75-84.

6)　大桑萌「0～2歳児の仲間関係における模倣の役割」保育学研究，第52巻第2号，2014，pp.28-38.

（4）B児を見守る保育者の視点

　保育者は，パンツを見せて「おにいさんになった自分」を喜ぶB児の気持ちに共感して過ごしていた。また，現実の「おにいさん」と過ごして，その実態に憧れるB児の姿を，何かが起こるような予感がしてわくわくしながら見守っていた。

　だからこそ，B児が立ち便器でおしっこしてみると言った時，そのチャレンジをやらせてみたい気持ちになったのである。できるだけ，手を出さずに見守ったのは，1か月ほどの期間，B児を夢中にした「憧れ」を一つ実らせてあげたいという思いからであろう。

　さらに，その日，「おにいさんである自分」を当たり前だと思うようになっていたB児の心の変容に気付いて，感慨深かったのである。何かができるようになったことへの自己効力感[*2]だけでなく，自分が自分であることへの自己肯定感[*3]をもつようになったB児への変容である。

＊2　自己効力感

　「自分には能力がある」「自分にはできる」と考えられる力。

＊3　自己肯定感

　できてもできなくても，ありのままの自分を受け入れられる力。

7）厚生労働省『保育所保育指針』（第2章1），2017.

8）井桁容子・汐見稔幸『0・1・2歳児からのていねいな保育　第3巻　ていねいな保育実践のために　保育の実態』フレーベル館，2018, p.12.

3　まとめと課題

　A児（事例9-1），B児（事例9-2）の保育園では，乳児保育においては「個々の思い」を尊重して，「個々の生活」を構成することを大切にしている。普段から，給食を今食べるか，後で食べるか，お昼寝をするか，まだ遊ぶか等は，個々の子どもの思いを汲んで，個々の生活時間を毎日構成している。いっせいに食べる時間を設定したり，いっせいに寝させたりはしていない。

　また，A児の泥遊び，B児の4歳児への憧れのように，特に「夢中になっていること」があるときには，それを尊重できるよう柔軟な保育を行っている。クラスの枠を一時的になくしたり，個別の対応になったりすることもある。クラス担任だけでは難しいことも，非常勤やフリーの保育者，主任や園長も「だれの，どんな夢中を，なぜ充たしたいのか」を共通認識とし，園全体の体制の中で支えていくようにしている。

　乳児は，遊びや生活の中で夢中になることで，溶解体験をしたり，仲間関係を作ったり，達成感を味わったりしたりしている。その傍らには，子どもたちの気持ちを理解し，瞬間的または長期的に温かく見守りながら，行動を支えようとする保育者の姿がある。

　保育所保育指針には，乳児保育では「温かく」「受容的」「応答的」な関わりが基本であり，大切だと書かれている[7]。「温かく，受容的，応答的な保育」は，子どもの育ちにとって最も大事な「そこで生きていることが安心」という

感情を与える[8]。子どもにとって安心は夢中になれる前提であり，夢中になって得た達成感は安心につながっている。乳児の遊びと生活では，「安心」と「夢中」が全体を通して保障されることが大切なのである。

演習課題

課題1：乳児が楽しめる「感触遊び」にどのようなものがあるか，考えてみよう。

課題2：乳児に見られる「模倣」の種類やメカニズム，意義を調べてみよう。

課題3：事例から読み取れる「受容的」「応答的」な保育者の対応について話し合ってみよう。

コラム　　トイレはのびのびできる場所？

子どもたちが，トイレで遊ぶのが好きなのはどうしてなのでしょう。

幼児なら，仲よしと何人かでトイレに行って，一緒に個室に入ったり，一つの立ち便器でおしっこしていたり，なんだか楽しそうです。一度行ったらなかなか帰ってこなくて，楽しそうな話し声が聞こえてきたりします。

乳児の場合は，乳児用の便器に座ったまま，鼻歌を歌ったり，ドアから見えるクラスの様子を眺めたりしながら，いつまでも座っていたりします。おむつもズボンも履いたのに，うろうろとトイレの中にいたりもします。

保育者は，「トイレで遊ばないで」「一緒に入るのははずかしいよ」等，注意することがたびたびです。トイレの見えないところで転んでけがをしたら…，トイレは遊ぶところではないし…，トイレのマナーも教えなければ…等，いろいろなことが頭に浮かびます。

でも，子どもたちにとっては…大人の目から離れられる？　狭くて，静かでリラックスできる？　がんばらない自分でいられる？　仲よしの度合いが深まる？

保育園では，トイレが汚い場所，おばけが出る怖い場所というようなマイナスイメージをもっている子どもはほとんどいないように見えます。園のトイレが，以前に比べて明るくてきれいになってきたこともあるでしょう。最近では大人も，リラックス空間，シェルター的な空間等，精神的に大切な場所としてトイレを考えるようになってきているようです。

トイレは，子どもたちの心にとっても，特別な場所，大切な場所であるようです。

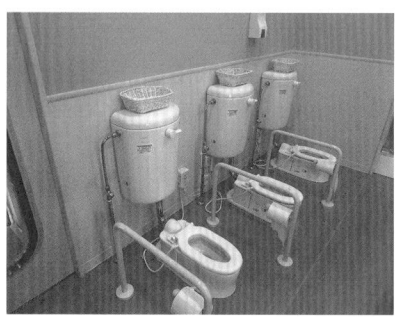

写真9-3　トイレはどんな場所？

第10章 幼児の遊びをとらえ直す

幼児期の子どもの生活の中心は，遊びである。子どもは，身の回りの環境に出会い，心を動かすと自ら関わり，熱中して遊び続ける。ものへの関わり方や楽しみの所在は多様であり，保育者（幼稚園教諭・保育士・保育教諭をいう）が子どもの思いや遊びの中の学びをとらえることは簡単ではない。子どもの姿と願いとの間で葛藤する場合もある。だが，保育者が子どものこれまでの経験や他児との関係性，生活の場面の様子等にも目を向けることで，その子の遊びの意味や育ちの理解は深まっていく。

1 幼児にとっての遊びとは

幼児期は，家庭において親しい人と共に営まれていた生活から，就学前施設（幼稚園・保育所・認定こども園をいう）や地域へと生活の場が広がっていく時期である。乳児期よりも日々の生活の中で出会うもの，人，出来事は増え，身近な環境との関わりを通して知的，情緒的，身体的，社会的な育ちが見られる。そして，その幼児期の育ちを支えているのは，遊びである。

遊びは，幼児期の生活の中心であるととらえられ，幼稚園教育要領解説では「幼児期特有の学習[1]」と記されている。保育者は，「遊びを通しての総合的な指導」を行うことが重視され，「自発的な活動としての遊びにおいて，幼児は心身全体を働かせ，様々な体験を通して心身の調和のとれた全体的な発達の基礎を築いていく[1]」ことが求められている。

遊びを中心とした指導の出発点は，子どもの遊びの理解である。「遊びを中心とした保育の核となるのは，遊んでいるかどうかではなく，子どもがどのように遊んでいるかである[2]」といわれるように，子どもの遊びの何を見るのか，遊びにおける言動をどうとらえるのかが重要になる。では，どのように子どもの遊びをとらえていくのか。本章では，事例を通して，幼児期の子どもの①

1) 文部科学省『幼稚園教育要領解説』〔第1章 第1節 3 (2)〕，2018.

2) 河邉貴子『遊びを中心とした保育−保育記録から読み解く「援助」と「展開」（改訂第2版）』萌文書林，2020，p.15.

遊びにおける充実感と，② 育ちの見取りと保育者の葛藤，③ 友だちとの関係性や生活の場面と遊びとの関連に着目し，「子どもの遊びをどうとらえるのか」について考えていこう。

2　幼児の遊びの楽しさや充実感

　子どもは，何か心が動くものと出会うと，自ら働き掛けていく。ひとたび夢中になると，一定時間継続して関わり続ける姿が見られ，それが充実した遊びと考えられる[*1]。ここでは，ある雨上がりのグラウンドで泥遊びをしている3～5歳児の事例を取りあげる。これらのエピソードを読みながら，「子どもはどのように遊び始めるのか」「その遊びで何を楽しんでいるのか」をとらえてみよう。

事例10-1　泥との出会い

　数多くの水たまりができたグラウンドに，長靴を履いたA児（4歳児）とB児（5歳児），C児（5歳児）が遊びに出た。3人は，自分の腰くらいの高さまである木の枝を持って水たまりの周りに集まると，一斉に木の枝の先を地面におしつけ，線を引きだす。線を引いた所にくぼみができる。そのくぼみに水が流れ，水たまりと水たまりがつながっていった。3人が幾度もそれを繰り返すと，1つの大きな水たまりができた。B児が「真ん中が大きな池で，ここが僕の家」と主張し，水たまりの横に家の絵を描いた。A児は考え「じゃあ，こっちが僕の家」と家を描く場所を指さす。それを見たC児は「ここがベッド。ここで寝る」と言い，家の絵を描く。大きな池と3つの家でのごっこ遊びが始まった。

　しばらくグラウンドの隅でその様子を眺めていたD児（3歳児）が，突然立ち上がった。広いグラウンドの真ん中まで歩き，立ち止まった。しゃがんで，そおっと右手の手のひらを地面につける。水を含んだ泥が手のひらに当たった瞬間，D児は驚いたように目を見開いた。そして，にこりと笑うと，左手もゆっくりと泥につけた。両手を泥につけたまま，しばらく動きがとまった。

　数分後，D児は両手で泥をなでるように左右に動かした。泥を正面に集めてすくっては下に落とし，泥の山がゆっくりと崩れ広がっていく様子を眺めていた。保育者が近寄り，「Dちゃん，気持ちがいいね～」と声を掛けるが返事はない。次はちょうど手のひらにのる程度の泥をすくい取り，捏ねる行為を始めた。「ハンバーグ」とつぶやき，いくつも泥の塊を作って，地面に並べた。

事例10－1の見取り

　多くの水たまりを見て歓声をあげたＡ児とＢ児とＣ児の３人は，すぐにグラウンドに駆け出し，枝で線を引き始めた。３人は，普段から泥や土を使って遊ぶ姿が見られており，線を引けば水が流れ，大きな１つの水たまりになることがイメージされていたのだろう。「大きな池を作り，その周りを家にする」と話し，イメージを共有しながら一緒に作り，ごっこ遊びをすることを楽しんでいたといえる。

　それをグラウンドの隅で見ていた３歳児のＤ児は，泥に手を当てた瞬間から泥遊びを延々と続けた。よほど泥の感触に魅了されたのだろう。泥をすくっては地面に落とす行為を繰り返していた。その日の泥は，たっぷりの水が含まれ，プリンのように弾力があった。Ｄ児にとって，そのプルプルとした感触が心地よかったのかもしれない。地面に落とすと，ゆっくり広がっていく様子が面白かったのかもしれない。また，何度も泥を落とす行為を繰り返すことで，毎回同じように広がる現象を確認し，安心していたのかもしれない。泥をハンバーグに見立て，家で料理するお母さんの姿を思い浮かべてうれしくなったのかもしれない。

　Ｄ児は泥に触れている間，保育者が声を掛けても応答しなかった。あまりの真剣な姿に，保育者は驚いた。なぜなら，Ｄ児はこれまで泥遊びをしたことがなかったからである。手や洋服が汚れることを嫌がり，前日までは全く泥に手をつけようとはしなかった。けれども，この日は自ら泥に手をつけた。多くの水たまりが珍しかったからであろうか。目の前で歓声をあげて泥遊びをする３人が楽しそうに見えたからであろうか。前日も保育者から泥遊びに誘われ，「次は触ってみよう」と思っていたのであろうか。いつも一緒に遊ぶ友だちが休みで寂しかったからであろうか。何がＤ児の心を動かしたのかはわからないが，身の回りのもの，現象，人から刺激を受け，「やってみたい」という思いが生まれ，泥との出会いを楽しんだのだと思われた。

　Ａ児らの「大きな池づくりという共通の目的をもち，友だちと一緒にイメージを共有して楽しむ遊び」とＤ児の「泥と十分に関わることを楽しむ遊び」。同時に展開された２つの遊びは，泥への関わり方や遊びの展開，人との関わり，そして楽しみの所在は全く異なるものであった。同じ泥という素材に出会っても，子どもが興味をもつ部分は様々である。子どもの発達や経験によって楽しみ方は多様であり，同じ環境下でも様々な遊びが生まれる。子どもが楽しむ遊びには色々な形があることを踏まえ，「今，その子は何に充実感を味わっているのか」を探っていきたい。

＊１　河邉貴子は，充実した遊びは，その子どもにとって必要な経験が満たされるような遊びであるとし，その遊びを展開しているとき，結果として次の共通の様態が見られるという。①　一つの遊び（テーマ）に，ある一定期間継続して取り組み，集中している。②（遊びに取り組んでいる）子ども一人一人が遊びのイメージをしっかりもっている。③個々の子どもが自分のイメージを遊びのなかで発揮し，遊びに必要なモノや場をつくるために身近な環境に主体的に働きかけている。④　モノや空間の見立ておよび言葉を通して，他児とイメージを共有しながら遊びを展開している。

　河邉貴子『遊びを中心とした保育―保育記録から読み解く「援助」と「展開」（改訂第２版）』萌文書林，2020，pp.27-28.

3 幼児の遊びの中の学びと 保育者の葛藤

　集団生活において，保育者は，個の育ちと集団の育ちの両方に目を向けていく。子ども一人一人の遊びを理解しようと努める一方で，集団としての活動をどう展開していくのかに悩むことがあるだろう。次は，集団での散歩の途中でアリを見つけ立ち止まった子どもと保育者の事例である。保育者の心の揺れにも着目して，「子どもの育ちをどうとらえ，援助するのか」について考えてみよう。

事例10-2　アリのお引っ越し

　散歩を始めて数分後，E児（5歳児）が，「ねー，みて！　アリがいる！」と言い，その場にしゃがんだ。F児（5歳児）とG児（5歳児）が，「え？」と言って近寄る。保育者も「あー，本当だ。たくさんいる」と言い，隣にしゃがんだ。F児が「なんか持ってるよ。なんか，運んでる」と言う。E児は，さらに近づいてじっと見つめる。「卵，持ってる」とつぶやいた。F児が「お引っ越しだね」と言う。保育者も「本当だ。卵持っているから，お引っ越しかな？」と言った。E児は「なんでお引っ越ししてるんだろう…」とつぶやく。F児は「雨が降ってたから，避難してるんじゃない？　びしょ濡れだから」と答えた。

　広場を目指して歩く他の子どもたちと保育者は，はるか遠くに進んでいる。保育者は「みんな広場に向かって歩いているね」とつぶやくが，3人は顔をあげない。じっとアリを見つめていた。G児は，E児が話している卵を見つけられないようだ。「どれどれ，卵って？」と尋ねる。保育者が「これ，白いのみんな持っているでしょ。これが卵だよ」と答えると，G児は「ふーん」と言い，今度は「ねー，これ，どこからきてるの？　どこ？　どこ？」と質問した。すると，E児が黙って立ち上がる。アリを追い掛けて，「あー，こっち。こっちの葉っぱの方からきてる」と葉の茂った部分を指さした。F児とG児も立ち上がり，茂みに視線を移す。茂みから続くアリの行列を確認し，さらに観察は続いた。

事例10-2の見取り

　散歩の途中に10分程度同じ場所に立ち止まり，アリを観察する姿は，目的地で遊びを計画していた保育者にとって悩ましい姿であった。「広場でおにごっこをしたいと思っていたのに…」という気持ちや「先に進んでいる子どもたち

と距離が開いてしまう」という焦りもあった。一度は，他の子どもの行動への気付きを促す声掛けをした。けれども保育者は熱心にアリを観察する3人に共感し，一緒にアリを眺めた。それは次のような3人の姿をとらえたからである。

　まず，興味・関心をもってアリを見つめる姿である。3人は，アリやバッタ，コオロギを追い掛けたり，ダンゴムシを手のひらに乗せてかわいがったりする姿がよく見られる子どもたちであった。足元のアリの存在に気付かず歩き続ける子どもが多い中，3人は行列を見つけて興奮し，観察を続けた。それほど目の前のアリの様子が不思議で面白く，惹（ひ）きつけられていたのだろう。3人の関心の高まりは，アリを凝視する姿や大声で友だちを呼ぶ姿から伝わってきた。

　次に，身近な事象に疑問を抱き，考える姿である。3人はアリを見ながら，「何を運んでいるのか」「なぜ，引っ越しをしているのか」「この引っ越しの出発点はどこか」といくつもの疑問を投げ掛け合っていた。そして，「卵を運んでいる」「雨が降って巣が濡れたから，避難しているのかもしれない」「行列は茂みの中とつながっている」と気付きや予測を伝え合っていた。卵の存在やアリの巣の場所を見つけられるほど，くまなくアリの行列を見ており，さらに，1週間前の台風を思い出しながら，自分なりに行列の理由を見つけ出そうとしていた。その姿に探究心と思考力の育ちを感じ，保育者は一緒に観察を続けた。

　最後に，アリを愛（いと）おしみ，生命を心配する姿である。3人は，興味本位でアリを眺め始めたが，次第にアリが無事に引っ越しできるよう見守っているように見えた。通りすがる人に「アリがいます」と話し，ダンゴムシを見つけると移動させようとする姿も見られた。アリに親しみをもち，アリの生命を大切にしようとする姿の表れだと感じられ，保育者はその姿も大切にしたいと考えた。

　散歩中のアリの観察は，意図した遊びではない上，集団の動きからは外れる行動であった。そのため，保育者には葛藤が生じていた。だが，瞬時に子どもの心の動きをとらえ，迷いながらも自発的な活動を尊重したことで，多様な子どもの育ちが見いだされた。もちろん，立ち止まったのは安全な場所である上，他の保育者と連携も取れた。3人が少し離れても安心して散歩ができる状況であったために生じた遊びではあるが，「たとえ計画通りに遊びが進まなくても，子どもが自ら動き出した遊びには学びの芽がある」ととらえると，寄り道もほほえましく思えるだろう。

④ 幼児の遊びと生活とのつながり

　遊びは，就学前施設の生活において中心的な場面ではあるが，そこで子ども

の物語が終結しているわけではない。朝の支度場面や食事場面，当番活動の場面や帰りの会の場面等，生活のあらゆる場面とのつながりがあり，それぞれの場面との相互作用の中でその子の物語は紡がれていく。次は，ある４歳児の給食を食べる場面の事例から，「遊びの姿は生活の場面とどのような関連があるのか」について考えてみよう。

事例10－3　一緒に食べよう[*2]

　H児（4歳児）の机の上には，苦手な味噌汁だけが残っていた。味噌汁には手を付けず，しばらくおしゃべりをしていた。

　隣の席で，ちょうどI児（4歳児）が味噌汁を飲み始めた。それに気付いたH児は，「あー，一緒だね，お汁」と言った。I児が「うん」と返事をすると，H児はじっと給食の残りを見比べ，「一緒に食べよー。一緒に（食べ終わる）時間を決めよう」と提案した。I児は，味噌汁とご飯が残っていたため，「あー。まだある…」とつぶやいた。だが，少し考えて「あー，食べちゃうね！」と言うと，ご飯を口に入れた。その様子を，H児はうれしそうに見つめていた。

　2人とも残りは味噌汁だけになった。H児は「あと1個，これ食べちゃうよ」とお椀を持ちあげて見せた。「一緒の時間に食べ（終え）れるよね？」と確認すると，I児は賛同した。H児が「先に食べれる」と言うと，I児は「これ，同じくらい（の量だね）」と返答した。H児が「ねぇ，食べれる」と言うと，I児は一気に汁を飲み出し，続けてH児も汁を飲んだ。

＊2　水谷亜由美「集団生活における幼児の食行動の変容：幼稚園の食事場面のエスノグラフィー研究」（奈良女子大学大学院博士論文）で使用したデータをもとに作成した。状況をより詳細にかつ伝わりやすくするため，事実が変わらない程度に加筆修正をしている。

事例10－3の見取り

　以前のH児は苦手な味噌汁が食べきれず，食缶を返却する時間まで味噌汁を目の前に置いて座っている姿がよく見られていた。この日は偶然，隣に座っているI児が同じタイミングで味噌汁を飲んでいた。さらに，H児がお椀を覗き込むと，I児よりも自分の残量が少なくなっていることに気付き，うれしくなったようだった。珍しくH児から「一緒の時間に食べ終わろう」と誘い掛け，I児と互いに残りの量を確かめながら，普段よりも速いペースで飲み進めていた。

　なぜ，この日，H児は苦手な味噌汁を自ら食べ始めたのであろうか。理由の一つに，隣どうしで並んでいたI児の存在があるだろう。この時期のH児にとってI児は，特別な存在だった。H児がままごと用のスカートを履くとI児も同じようにスカートを履き，I児が泥団子を作り始めるとH児も泥団子を作り出す。模倣や競争をしながら遊び，「一緒に○○したい」という気持ちと「負けたくない」という気持ちが高まっている様子だった。そのため，苦手な味噌汁を避けることよりも，「I児と一緒に食べ終えたい」という気持ちの方が強くなったのかもしれない。完食した後は，2人で保育者に「IちゃんとHちゃん，全部食べたよ」と報告し，一緒にままごとをしていた。その姿からも，

「一緒に食べ終える」ということがH児の原動力になり，苦手な味噌汁の食べ方が変わるとともに，達成感から遊びへの意欲も高まったと見られた。

　保育者は，「どのように援助すると自ら味噌汁を食べるだろう」と思案していた。食事場面の姿だけで考えていたら，味噌汁に手を付けていない時点で声を掛けたかもしれない。しかし，遊びの場面も含め，I児とH児の関係性の強まりや，友だちと共に行動する喜びを感じている姿を見ていたため，見守る援助を行い，自ら苦手な食べ物に挑戦する姿につながったのではないだろうか。遊びの場面での「どのように遊んでいるのか」「誰とどのような関係性があるのか」という理解が，食事場面の姿の理解につながり，食事場面での子どもの経験を豊かにするといえよう。そして「誰とどのように食べたのか」という理解が，再び遊びの場面の理解へとつながっていくことが示された事例といえる。

5　まとめ

　本章では，幼児期，とりわけ3〜5歳児の遊びの場面，散歩の場面，食事場面の事例を通して，一人一人の子どもの遊びにおける心の動きと育ちを見取り，それを見つめる保育者の援助について考えてきた。

　ここにあげた事例はどれも子どもが，もの・出来事・人と出会い，心が動かされ，自ら行動していく過程が描かれている。そこには子どもの言動を理解したい思いと子どもに対する願いとの間で葛藤しながら，援助を模索する保育者の姿があった。充実した遊びの様態は子どもによって異なり，時に保育者の予測を超える。不思議さや疑問を感じたり，驚いたり，慌てたりすることもあるだろう。だが，子どもたちのこれまでの経験や他児との関係性，生活の場面とのつながりにも目を向けると見方は変わっていく。保育者が子どもの遊びを理解するには，迷いや悩みをもちつつ，目の前で繰り広げられる一つ一つの言動や遊びの経過と生活の場面の姿を総合的にとらえ，「この遊びは，一人一人の子どもにとってどのような意味があるのか」について考える姿勢が重要だといえよう。

演習課題

課題1：子どもはどのような遊びに夢中になるのか，子どもの姿を観察して調べてみよう。
課題2：印象的だった遊びの姿を事例にまとめ，その遊びの楽しみについて考えてみよう。
課題3：本章の事例から，子どもの充実した遊びを支える保育者の援助について話し合ってみよう。

● 参考文献

大豆生田啓友・中坪史典編著『映像で見る主体的な遊びで育つ子ども−あそんでぼくらは人間になる』エイデル研究所，2016.

津守 真『子どもの世界をどうみるか−行為とその意味』NHK出版，1987.

吉村真理子『保育実践の創造−保育とはあなたがつくるもの（吉村真理子の保育手帳 ①)』ミネルヴァ書房，2014.

コラム　　　絵本を介した子どもとのコミュニケーション

　家庭や就学前施設，地域の図書館等で，大人が乳幼児期の子どもに絵本の読み聞かせをする場面はよく見られます。絵本を見せても反応が薄かったり，次々と絵本のページをめくることを楽しんでいたりする乳児の姿を見ると，「まだ早いのではないか」と感じるかもしれません。一人で絵本の文字を読んでいる5歳児を見ると「もう読み聞かせは必要ないのではないか」と考えるかもしれません。しかし，子どもにとって絵本の楽しみは「読むこと」「ストーリーを理解すること」だけではありません。「読み聞かせてもらう経験」に重要な意味があります。

　みなさんは，ブックスタートを知っていますか。ブックスタートは，0歳児健診等の機会に，子どもと保護者に対し，絵本をひらいて楽しむ体験を提供する自治体の活動です。1992（平成4）年にイギリスで始まった活動で，日本では2001（平成13）年に開始され，今では1,066の自治体で行われています〔2020（令和2）年12月31日現在〕[1]。絵本を介したやりとりで，子どもと大人がお互いに心を通い合わせ，幸せを感じるきっかけになると期待されています。

　読み聞かせの時間は，就学前施設においても，子どもと保育者をつなぐ大切な時間といえるでしょう。0〜2歳児クラスでは，子どもが保育者の顔と絵本を交互に見つめ，指さしや「あー」と声を発しながら楽しむ姿があります。保育者もにっこりと微笑み返し，「そうだね」等と言葉を掛けます。3〜5歳児クラスでは，子どもが保育者の言葉に集中し，イメージを膨らませる姿があります。物語の展開に驚きや喜び，悲しみ，楽しみを味わい，保育者と友だちとお話の世界を共有しながら一緒に息をのんだり，笑ったりします。読み聞かせ直後は，子どもも保育者も穏やかな表情を見せ，あたたかく心地よい時間を共有した喜びをかみしめます。

　絵本は，読み手と聞き手が共に居て，その言葉の喜びを共有することに意味があるといわれています[2]。もちろん絵本の内容や読み方も大切ですが，子どもにとって「誰に読んでもらうのか」が重要です。愛情あふれる声，言葉を聞き，同じ絵を見てイメージの世界を共有することにより，読み手の大人と聞き手の子ども，子ども同士の気持ちは通い合っていきます。みなさんも，絵本を介したコミュニケーションで子どもたちとのつながりを感じてみませんか。

＊1　NPOブックスタートBookstart Japan．https://www.bookstart.or.jp/
＊2　松居 直『絵本は心のへその緒—赤ちゃんに語りかけるということ』NPOブックスタート，2018，pp.32-33.

第11章 障害のある子どもを関係性の観点から理解する

> 本章では，障害のある子どもに対する保育者（幼稚園教諭・保育士・保育教諭をいう）の理解の在り方を，1つのエピソードから多角的に検討する。生物-心理-社会モデルの3つの観点から，具体的に障害のある子どもを理解していく方法を示すとともに，障害のある子どもと保育者との「関係性の観点」から子ども理解を紡ぎ出していくこと，すなわち，保育者自身の在り方を問い直していくことによってこそ，障害のある子どもの真の理解につながっていくことを述べる。

1 エピソードから考える

本章では，障害のある子どもに対する保育者の理解の在り方を，1つのエピソードから多角的に検討する。ただし，障害と一言でいっても実に多様な種別がある。また，そもそも障害とは何かという根本的な理解も必要である。これらが前提となる本章の内容ではあるが，障害の状態や障害一つ一つの理解そのものについては，障害児保育等，障害のある子どもに関連する授業を通して確認してもらうこととしたい[*1]。

障害のある子どもが就学前施設（幼稚園・保育所・認定こども園をいう）にいるとき，まずその子の障害特性[*2]を理解しようと保育者は考えがちである。それが園生活における支援につながっていく面もたしかにあるだろう。ただ，障害特性を理解しておけば，その子の全てが理解できるというわけでは決してないし，支援がうまくいくというわけでもない。大切なのは，障害児（disabled child）を理解することではなく，障害という一面をもった目の前にいる子ども（child with a disability）を理解しようとすることなのである。そのように筆者に気付かせてくれたエピソードを紹介する。

なお，エピソードの紹介については園の許可を得ている。また，要点を残し

*1 参考文献として以下の2点を紹介する。

武藤久枝・小川英彦編著『コンパス障害児の保育・教育』建帛社，2018.

勝浦眞仁編著『特別の支援を必要とする子どもの理解-共に育つ保育を目指して-』ナカニシヤ出版，2018.

*2 **障害特性**

各障害に特徴的に見られる行動。障害のあることで特に顕著となる面。

ながら，個人・場所等の個人情報がわからないよう匿名化するとともに，筆者がこれまで経験してきた様々な事例を重ね合わせた修正を行っている。

　5月の下旬，ある園で行われた公開保育に筆者は参加した。あいにくの空模様で，小雨が園庭に降っていた。そのような中でも，砂場でお城づくりや泥んこ遊びをしたり，テラスにいたカタツムリを図鑑で調べていたりと，子どもたちは園庭のあちらこちらでそれぞれに自由遊びを楽しんでいた。

　筆者は子どもたちのブランコ遊びを観察していた。アスレチックの下にある1つしかないブランコで，雨にも濡れることなく，それぞれの子どもが楽しんでいる様子であった。以下は，ブランコが空いた状態になったときのエピソードである。

事例11−1　10数えるのイヤ

　空いたブランコに乗りたかったのだろう，A児（4歳，女児）がブランコに乗り，こぎ始めた。「いいね」と私（エピソード中では，その場に居合わせたことを強調するため，筆者ではなく私と記す）が言うと，A児は笑顔で応える。数回こいだところで，同じクラスのB児（4歳，男児）がA児に「代わって」と言いながらブランコを掴んで，A児の動きを止める。

　A児は仕方なく，B児にブランコを代わった，B児はすぐさまブランコに乗り，こぎ始めた。A児はその様子をすぐそばで見ていた。ブランコをこいでいるB児は表情をあまり変えることなく，どこかムスッとしたままである。

　そこにC児（4歳，男児）がやってきて，B児に「代わって」と言った。B児はブランコを動かし続けながら，「イヤだ」と答えた。仕方なくC児はB児の様子を見ていたが，しばらく経っても全く代わる様子が見られなかったので，「まだ？」と不満気にC児は言った。そしていよいよブランコを掴んで止めると，「代わって！」と少し語気を強めてC児はB児に言った。

　B児は止められて腹が立ったのだろうか，ブランコを降りるやいなや，C児の頬に平手を見舞った。C児はびっくりしたのだろう，泣きそうな顔になって，「やめてよ，代わってよ」と泣き声を交えながら言った。しかし，B児はもう一度ブランコに座り，こぎ始めた。

　私はさすがに声を掛けなければならないと感じ，「Bくん，もう少ししたら代わってほしいのだけど，どうかな」と問い掛けた。しかしB児は無表情のまま，ブランコをこぎ続けていた。そこで，「じゃあ，10数えたら代わるのはどう？」と提案をしてみた。しかし依然としてB児は無表情のまま，ブランコをこぎ続けていた。「じゃあ，数えるよ」と言って，私は「1，2，3…」と数えているうちに，A児もC児も一緒に数え始めた。そして「10！」と言い終わったところで，「Bくん，どうかな」と尋ねてみた。

　するとB児は「10数えるのイヤ」と言って，ブランコから降りなかった。C児は「10数えたのに！」とまた泣きそうになって，声を荒げた。そこで私は「じゃあもう1回10を数えたら代わっ

てくれる」と聞いてみると，B児は「10数えるのイヤ」と先ほどより声を強めて言った。

C児は「もうなんで」とまた怒りを表していたが，私は「わかった。もう少ししたら代わってくれるよ」とC児に言って，静かにB児のブランコを見守ることにした。するとB児は数回こいだ後に，ブランコを後にした。

振り返ってみると，筆者自身に余裕がなくなっていたと感じさせる場面であった。「10数えたら代わる」という，よくある手立てが通じなかった場面で，筆者には印象深いエピソードとなった。

その日の朝，B児はいきなり筆者のお尻を叩きにきた子どもで，気になっていた子ではあった。この場面をきっかけに，B児について園の先生方に尋ねてみたところ，3月の早生まれの子どもであるものの，3歳児健診で多動という指摘がなされたとのことだった。注意欠如多動症（ADHD）[*3]の状態像に近いことから，児童発達支援センター[*4]に併行通園しているという話であった。

このエピソードをみなさんはどのように理解したであろうか。このエピソードについて検討をし，B児についての理解を深めてみることとする。

2 エピソードに基づく考察
-障害のある子どもを理解するBPSの観点-

事例11−1におけるB児を理解していこうとしたとき，生物-心理-社会モデル（BPS）[*5]の観点から考察してみたい。

BPSとは，図11−1のように生物システムと心理システムと社会システムが入れ子状の関係にあると理解するモデルである。障害のある子どもの呈する症状や問題を考える場合，まず脳や神経，遺伝，細胞といった生物的なシステム

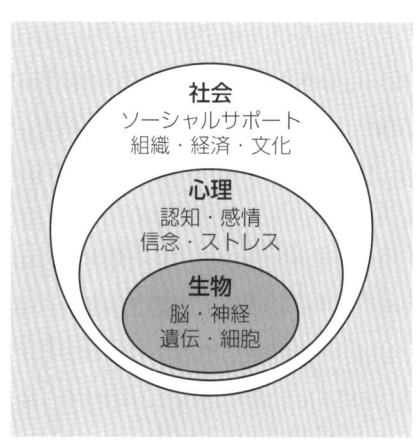

図11−1　生物-心理-社会モデル
（BPS）

*3　注意欠如多動症（ADHD）

不注意・衝動性・多動性を主な特徴とする発達障害の1つである。

*4　児童発達支援センター

児童福祉法に定められた障害児通所支援のための施設である。就学前の乳幼児が対象であり，個別療育や小集団でのグループ療育，家族への支援も行われている。

*5　生物-心理-社会モデル

英語ではBio-Psycho-Social Modelという。これ以降，頭文字をとって，BPSと記す。詳細は後で述べる。参考となる文献を以下にあげる。

富田 拓『非行と反抗がおさえられない子もたち 生物・心理・社会モデルから見る素行症・反抗挑発症の子へのアプローチ』合同出版，2017.

の中でとらえ，どの要因に依拠して症状や問題として出現しているのかを考える。次に，その子どもの認知，感情，信念，ストレス，知能，パーソナリティ等の心理システムの要因を考えることとなる。さらに，その子どもが置かれている家庭や学校や職場等の社会システムとしての環境要因を考え，それらがどのように関連して障害のある子どもの症状や問題を生み出し，今に至っているかをアセスメント[*6]する。これら３つの視点が有機的に絡み合いながら，１人の人を全体として理解する必要性を述べたものである。このモデルは保育分野よりも，医療分野でもともと拡がってきたものであるが，保育分野における子ども理解にも十分応用可能であるし，障害のある子どもを理解していく上で，有用な理論と方法[*7]の一つであるといえる。

　このBPSの観点から，（1）障害特性の観点，（2）心理的な観点，（3）園環境の観点について検討する。

（1）障害特性の観点

　B児にADHDの傾向があると聞いたとき，どこか納得してしまう気持ちを抱いてしまう面はなかっただろうか。DSM-5[*8]におけるADHDの多動性，及び衝動性の診断基準の中には，「しばしば自分の順番を待つことが困難である」「しばしば他人を妨害し，邪魔する」という記述がある。A児がブランコで遊んでいたのにもかかわらず，B児がブランコを止めてしまった行動や，ブランコを代わってほしかったC児の頬をB児が突然平手打ちしてしまった行動は，ADHDの診断基準に当てはまる障害特性で，多動性・衝動性という面のある子どもとして，B児を理解できる。こういった障害特性を知識として学んでいくことは子ども理解の一面として必要なことではある[*9]。

　多動性・衝動性の面がある子どもというB児の理解に基づけば，それらの障害特性によるトラブルができるだけ起こらないよう，特別な支援をしなければならないと保育者は考えてしまう。実際，障害のある子どもが就学前施設にいる場合には，医療機関からの資料にある診断や発達検査の結果，個別の支援計画[*10]にある情報を踏まえ，保育をしていくことが求められる。障害のある子どもの背景情報を知ることは，その子を理解する一助になる面はたしかにある。

　しかし，障害特性やその背景を知ることで，障害のある子どもの全てを理解できるわけではない。事例11−1でも，B児は多動性・衝動性の面のある子どもという理解に留まっていてよいのだろうか。このエピソードを率直に振り返ってみれば，B児はブランコをしたかったし，譲りたくなかったのである。そういったB児の気持ちに目を向けずに，障害特性による行動という一面のみからB児の姿を理解してしまうのは不十分である。そこで，B児の心理的要因に

*6　アセスメント
　子どもの現状を評価することである。日々の観察をベースとしながら，心理検査や発達検査を用いることもある。

*7　障害のある子どもの理解においては，国際生活機能分類（ICF）という枠組みが活用されることもある。これについては，本章のコラムで述べる（p.93）。

*8　アメリカ精神医学会による精神疾患の診断・統計マニュアルのことである。2014（平成26）年に第5版となった。

*9　ただし，障害を診断するのは医師であり，保育者が対象児の状態を障害として安易に断定するようなことは慎むように留意する。

*10　個別の支援計画には，個別の教育支援計画と個別の指導計画の2種類がある。長期的および短期的な視点で作成された支援計画であり，十分に活用していくことが求められている。

踏み込んだ理解を次に試みることとする。

（2）心理的な観点

　事例11−1の場面でB児はどんな心理を抱えていたのであろうか。A児に代わってもらったブランコであったはずなのに，B児は無表情で，むしろ機嫌悪く乗っていたことから，何かストレスの溜まることが，家庭や園での生活の中であったのかもしれない。虫の居所が悪いB児からすれば，まだまだブランコに乗っていたかったのに，C児に何度も代わってと言われ，ブランコを突然止められたことは嫌だったことだろう。さらに，筆者も含めて周囲からブランコを代わらなくてはならないと思わせるようなプレッシャーをB児は感じていたのかもしれない。一方で，最終的にB児はどこかへ行ってしまった。B児は満足したのか，それとも飽きてしまったのか。はたまた，ブランコをこぐ回数を決めていた等，こだわりのようなものがあったのだろうか。また，背景に記したように，B児が3月生まれであることから，同学年の子どもと比べて，発達がゆっくり進んでいたとも考えられる。

　B児の行動をストレスやこだわり，発達の問題といった心理的要因から解釈することを試みた。様々な解釈が生まれ得るエピソードであろうが，自己主張と自己抑制の葛藤を表すエピソードとして読み取った方も多くいたのではないだろうか。エピソードや記録等の事例から，様々に子どもの行動を解釈し，その心理を読み取ろうとすることは，保育カンファレンス等においても，必要な観点である。ただこのアプローチでは，どこまで検討してもB児の気持ちがはっきりとは見えてこない。というのも，実際にB児と関わっていない人からすれば，B児についてわからない面がどうしても残ってしまう。具体的には，家庭の状況等，B児の背景に関する情報が不足している点や，園の人員配置や環境構成といった園の状況のわからなさ等があげられる。そこで，次に園という環境の観点から，B児に対する理解を深めてみることとする。

（3）園環境の観点

　事例11−1で，園の中にブランコがいくつかあれば，ここまでの揉め事にはならなかったのではないかといった考えた方もあるかもしれない。たしかに，ブランコ以外の遊具も含めて，園の中に遊べるものがあれば，ブランコに子どもたちが集中する事態は避けられたのかもしれない。一方で，この日は雨であった。雨で園庭の遊びが制約される中で，雨に濡れない場所にあるブランコは，B児にとって，また周囲の子どもたちにとっても，魅力的に映ったように思われる。また，園庭の広さ等，園の環境に制約があるため，ブランコが1つ

しかないとも考えられるが，ブランコが1つしかないからこそ，トラブルや譲り合い等，子どもたちのやり取りが生まれる場にもなる。雨の日にも乗れる1つしかないブランコであったからこそ，B児はどうしても乗りたかったという理解も可能であり，A児やC児とのせめぎ合いが生まれることになった。

　また，保育において物だけでなく人も環境である。この観点からすれば，公開保育の場とはいえ，部外者である筆者がこの園にいるということ自体，もしかするとB児からすればだいぶ気になることであったかもしれない。朝にB児が私を叩きに来たように，普段，園にいない人がいる環境は，子どもたちに何らかの影響を与えた可能性がある。公開保育後に，B児の担任は筆者にクラスの子どものトラブルに巻き込んでしまった申し訳なさを伝えてくださった。その上で，B児とA児やC児とがどのように葛藤を解決していくのかを見守りたい気持ちもあったそうだ。そこには，日々，B児と周囲の子どもたちとの関係性に注目していた保育者の視点があったと考えられる。筆者が介入することになってしまったが，もし，このエピソードで担任が介入していれば，全く違う展開になっていたことだろう。

　物的な環境のみならず，人的な環境も障害のある子どもには大きく影響を与えており，園環境の観点からの子ども理解も重要であるといえる。一方で，園の環境による子ども理解は，状況からの推測に留まってしまい，子どもの内面に対する深い理解につながっていくとは限らない。

　ここまで（1）から（3）までを通して，障害のある子どもに対する多角的な理解の在り方を示してきた。BPSの3つの観点には，子ども理解に欠かせない面がそれぞれあるとともに，一つ一つが独立しているわけではなく，相互に関連していることも押さえておきたい点である。ただ全体を通してみても，手応えをもってB児のことを理解できたとは言い切れない面が残る。それはどうしてなのだろうか。ここまでの議論において欠けていたのは，障害のある子どもと保育者との「関係性の観点」であったと考えられる。関係性の中から子ども理解を紡ぎ出していくことが，保育者に最も求められる観点であり，専門性の向上に欠かすことができない。次節では，ここまでのまとめと，子ども理解のために最も大切にしたい保育者の観点を述べていくこととする。

3 障害のある子どもの理解は，保育者自身の在り方の問い直しでもある

　ここまであるエピソード事例を紹介し，BPSの３つの視点からB児を理解することを試みてきた。しかし，ここまで述べてきたように，このモデルの枠組みには収まりきらない，保育者オリジナルな観点が関係性の観点[*11]である。

　このエピソード場面で振り返ってみれば，筆者がB児に対する関わりを，途中で切り替えたことを読み取っていただけただろうか。10数えたらブランコを代わるという，よくある手立てを使って，筆者はB児と関わろうとしていた。しかし，その関わりは本当の意味でB児と向き合っていなかったのである。A児とブランコ遊びをしているときには，筆者は「いいね」等の肯定的な声掛けをしているのに，B児とのブランコ遊びでは，そういった声掛けをしていない。むしろC児と同じく，ブランコを代わるようにB児に求めるようになってしまっていた。その場でB児と一緒にブランコを楽しむ気持ちを筆者自身がもてないでいた。その要因としては，途中で遊びが止められたA児の気持ちや，なかなかブランコに乗れないでいるC児の気持ちを筆者が優先的に感じ取っていた面がある。しかし，遊びの場で身近にいた人からそのように思われていたのだから，B児からすれば面白くないに違いない。10数えても頑（かたく）なにブランコを代わろうとしないB児の姿から，B児の気持ちを受け止めていないことを筆者自身ようやく気付いたのであった。そして，ここではB児の気持ちが満足するまで，ブランコ遊びに付き合ってみようと切り替えた。C児に「もう少ししたら代わってくれるよ」と声を掛けたのは，そういった心境の変化が筆者にあったからである。

　このように障害のある子どもを理解することは，保育者自身の在り方を問い直していくことでもある。ここに保育者ならでは子ども理解のかたちがある。逆に，保育者自身の在り方を問うことによってこそ，子どもに対する深い理解につながっていくのである。こういった関係性の観点で子どもを理解していくことは，障害のある子どもに限らず，全ての子どもに対しても必要である。しかしながら，障害という要因があると，その要因のみから対象児を理解しようとする傾向に陥りがちで，関係性の観点のみならずBPSの観点からさえも，障害のある子どもを理解する営みを疎（おろそ）かにしてしまいがちである。

　障害のある子どもを理解するのはたしかに難しいし，どう関わっていけばよいのか困ってしまうこともあるだろう。しかし，保育者が丁寧に粘り強く関わっていく中で，その子ならではの発想や思いに気付かされることもある。そう

*11　子どもと保育者との相互主体的な関係において生まれる「接面」をここでは意味している。詳細については，以下を参照のこと。

　鯨岡　峻『子どもの心を育てる新保育論のために‐「保育する」営みをエピソードに綴る‐』ミネルヴァ書房，2018.

いった経験の積み重ねの中で，障害のある子どもとの関わりに面白さを感じることができるようになったならば，子どもを一面的ではなく多様に理解していく観点が身に付いてきたと考えられる。そのためには，保育者はその子とじっくり時間を掛けて関わってみることや，保護者と共に悩みや喜びを共有すること，同じ子どもを保育している同僚の保育者と対話等を通じて理解を深めていくことが重要である。このようにして，自身の在り方を問える保育者を目指していくことが専門性の向上につながっていく。もちろん，自分の保育を問い直すのは苦しいときもあり，筆者の振り返りのように，自身の至らなさが浮かび上がってくることがある。しかし，その経験が子どもを深く理解していくことにつながる。それは，あなたの人生においても，豊かな視野から物事を考えられるようになっていくこととなろう。障害のある子どもとの出会いにはその可能性が秘められている。

●演習課題

課題1：事例11－1を読んで，B児の気持ちについて理解できたことを話し合ってみよう。

課題2：事例11－1を読んで，あなたであればB児にどのように関わるか考えてみよう。

課題3：BPSやICFについて調べてみよう。

コラム　ICFを活かした障害のある子どもの理解

　本章では，BPSの観点から障害のある子どもの理解を試みてきました。これに加えて，「関係性の観点」からの子ども理解が保育者には欠かせないことを述べてきました。これらに加えて，障害のある子どもを理解していくアプローチとしてこれまで活用されてきたものに，国際生活機能分類（ICF：International Classification of Functioning Disability and Health）があります（下図参照）。ICFの観点も身に付けておくことは，障害のある子どもの理解の一助になると考えられます。

　ICFの特徴として，心身機能・構造，活動，参加の3つの要素を含む生活機能が重視されています。これらがうまく機能しないときに生活のしづらさ，すなわち障害が生まれると考えられます。このように障害を生活のしづらさとする観点からすれば，ICFは誰にでも活用し得る生活モデルと考えられます。

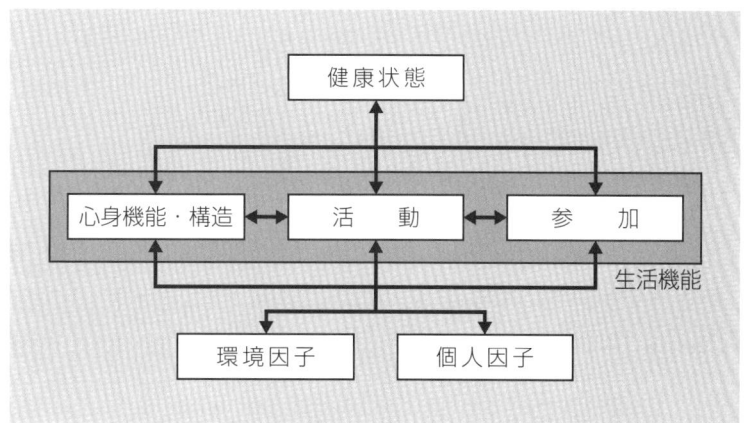

図11－2　国際生活機能分類（ICF）のモデル図

　また，個人因子のみならず，環境因子も生活に影響を与えていることが明示され，環境からのアプローチが大事にされています。環境からのアプローチとしてよく知られているのは，バリアフリーやユニバーサルデザインです。例えば，エレベーターの中に大きな鏡がある場合があります。これは車椅子で移動される方のための設計で，後ろ向きでエレベーターを出なければならないときに，後方を確認するためにあります。最近はこういった物理的な環境のみならず，社会全体における心のバリアフリーの必要性もいわれるようになってきました。

　さらに，ICFは全ての要素が影響し合う相互作用モデルといわれており，生活の質を重視したモデルということができます。例えば，図の一番上に健康状態とありますが，この表現には体調がよい等のプラスの要素だけでなく，風邪を引いた等のマイナスの要素も含みます。また，心の健康状態も含まれています。健康状態がすぐれないときは，学校やアルバイトを休まざるを得ないこともあります。その結果，活動が制限され，参加が制約されてしまうことが起こります。このように，健康状態が私たちの日々の生活に大きな影響を与えることはあり得ま

すし，逆に生活機能が健康状態に影響を与えることも想定され，相互に影響し合っていると考えられます。

　障害のある子どもが園での生活の質を向上するにはどうしたらよいのかを考えるときに，ICFの観点は役に立ちます。特に環境からのアプローチを通して，障害のある子どもに活動や参加を促していくという観点をもっておくことは大切です。その子の興味や関心，得意なこと等をしっかりと観察して把握し，保育環境の中にさりげなく取り入れていくことを目指してみてください。ただし，BPS（p.87参照）同様，ICFにおいても「関係性の観点」が十分に検討されてきたとはいえません。障害のある子どもとの関わりに困ってしまうこともあるでしょうが，あなたとの関係性の中で生まれたその子に対する理解を大切にしてみてください。試行錯誤しながらも，子どもを大切に思うあなたの保育やまなざしは，障害のある子どもたちに徐々に伝わっていきます。

第12章　困った子どもの行動を理解する

保育の場において，どの保育者（幼稚園教諭・保育士・保育教諭をいう）も「困った子だなあ。どうしたらいいんだろう」と悩むことがあるだろう。しかし，当の子どもも，「困ったなあ」と思っているのだ。「困った子ども」の行動の裏側には，子どもが困った行動を取らざるを得ないような心の動きがあることを理解しながら，子どもに寄り添っていくことが望まれる。本章では，どの園にでも見られる「困った子ども」の行動をどう理解していくかについて具体例をあげながら考えていく。

1　困った子どもとは

就学前施設（幼稚園・保育所・認定こども園をいう）での日々の保育の中で，時折，保育者は思わず，「困った子だなあ」と思ってしまうような場面に遭遇する。例えば，友だちが使っているおもちゃを自分も使いたいと思ってもうまく言葉で伝えられないため，衝動的に叩いて無理やり奪ってしまう。あるいは，クラス活動で，活動に参加せず自分の好きなことをやっている等であるが，これらのことは，保育の場ではよくあることである。だが，保育者はこのような子どもたちを「困った子ども」としてとらえ，その対応にも苦慮することがある。

上記のような困った子どもには，攻撃的行動（叩く，噛みつく，押す），園のルールを守らない行動（交代制のルールを守らない，触ってはいけないものに触る，入ってはいけないところに入る），食事のルールを守らない（給食時間に食べ物で遊ぶ，行儀よく食事をしない）等，多くの問題行動が見られる。

このような困った行動をとる子どもを「気になる子」ととらえ，このような子どもは，他者との相互的なやり取りに問題を抱えていること[1]が指摘されている。特に，発達障害の診断はないが，疑いがあるのではないかという場合

1）本郷一夫編著『保育の場における「気になる」子どもの理解と対応−特別支援教育への接続−』ブレーン出版，2006，pp.41-49.

2）腰川一恵監修『発達障害の子をサポートする「気になる子」の保育実例集』池田書店，2015，pp.18-28.

3）韓昌完『その子，発達障害ではありません　IN-Childの奇跡』さくら舎，2019，pp.9-17.

に「気になる子[2)]」と呼ばれることが多い。

　だが，どの子どもも気になる子ども（気に掛けるべき子ども）で，一人一人にあった保育者の配慮や丁寧な関わりが必要である。韓[3)]は，人間の発達に標準はなく，特に急激に発達する渦中にいる子どもたちは，非常に多様な発達の様子を見せるため，問題行動の見られる子どもたちに「発達に障害がある」と決めつけるのではなく，どの子も包括的な教育をするIN-Child（Inclusive Needs Child）という方法を提起し，どの子どもにも，その子が必要としている支援方法を考え，子どもにあった対応をしていくことの重要性を示している。

　本章では発達障害の子ども，疑いのある子どもに限定するのではなく，日ごろ保育の中で保育者が「困った子だなあ」と，どの子にも感じるような行動の事例を通して，具体的にどのようにとらえ，関わっているのかを考えていく。

2　困った子どもへの対応と理解

事例12−1　また，Aくんだ　A児（年少）　7月の出来事

　ある日の自由遊びの時間に，突然，ジリリリリリーと警報が鳴り響いた。すると，B児が「X先生，また，Aくんだ」と驚きもせず，担任保育者に伝えている。X先生は，「Aくん，こっちにきなさい」と怒った表情で，A児に声を掛けるが，A児は，「ぼくじゃないよ」と平然としている。X先生が，「嘘ついても，Aくんが押すのをちゃんと見てたよ。どうしてそんなことするの？」と，一歩も引かない。しかし，A児は，「ぼく，悪くないもん」と，走って逃げてしまった。X先生は，「困ったなあ」と言いながら，追い掛けようとしたが，C児が「先生，目に砂が入っちゃった」と，言ってきたため，A児を追い掛けるのをやめ，C児の目を洗いに行った。A児はというと，次に，園庭のチューリップが咲いている花壇へ行き，きれいに咲いているチューリップをあっという間に7〜8本ほど，抜いてしまった。その光景を見ていたD児が，「あ，Aくんだめ」と止めた瞬間，A児は「うるさい」と，D児の顔をひっかいてしまう。D児は，大泣きし，その鳴き声で，「どうした？」と，園長が駆け寄って行った。

　園長は，「Dくん，痛くないか？」とD児の顔を確認し，担任保育者のところに，D児を連れていった。その後，A児に，「Aくん，Dくん痛いって泣いてたよ。チューリップも痛いようって言ってるよ。おうちに戻してあげようか」と，A児が抜いたチューリップを花壇に埋めている。A児も，黙ったままチューリップの根元に土を掛け始めた。

　給食時間中，A児は，おもむろにD児のところへ行き，「Dくん，ごめんね」と謝った。その後，急いで園長のところへ行き，「園長先生，Dくん（に）ごめんね（って）した（謝った）」と報告していた。

（1）Ａ児の困った行動に対する理解

　さて，みなさんは，事例12−1を読んでＡ児のことをどう理解しただろうか。Ａ児のようないたずらや，友だちをひっかく等の乱暴をする困った子どもは，どの園にも存在し，いけないことをした時にはしっかり叱るべきだと考える人もいるだろう。一方で，Ａ児は，何かを伝えたいのではないか，Ａ児自身も何かに困っているのではないか，と考える人もいるだろう。

　Ａ児は，毎日のように，事例のようないたずらや，他児へ乱暴を繰り返すため，保育者は，「困った子ども」ととらえている。さらには，何かあるたびに，保育者とＡ児は，「どうしてそんなことするの？」「ぼくやってないもん」という押し問答を始めるため，周囲の子どもたちも，「困ったＡくんだなあ」と，受け止めている。

　Ａ児のいたずらは，環境構成を見直すことで，ある程度阻止することはできるだろう。例えば，警報機を子どもが押すことができないように，警報機カバーを付ける。また，花壇には柵を付ける，あるいは，花を植えない等が考えられよう。だが，このような対処は暫定的であり，Ａ児は，警報機がだめなら他のいたずらをしようと，新たないたずらを始めるだろう。

　Ａ児がなぜ，いたずらや他児への乱暴を繰り返すのかを，Ａ児の行動の裏側にある思いに目を向けない限り，Ａ児をきつく叱ったり，環境を変えたりしてもＡ児の困った行動は形が変わるだけにすぎない[4]。よって，Ａ児の困った行動は，自分の辛さや，わかってほしいことを訴え，助けを求めていると受け止め寄り添っていく必要がある。

4）　鯨岡　峻・鯨岡和子『よくわかる保育心理学』ミネルヴァ書房，2004，pp.176-179.

（2）エピソードから読み取れるＡ児の育ち

　Ａ児からすると，「みんなは，ぼくのことをすぐ叱る」と思っており，一方で保育者は「困った子だなあ」ととらえているため，両者の思いはすれ違ってしまう。このすれ違いを埋めようとＡ児は，自分の思いをいたずらや乱暴という行動に表していると受け止めるのであれば，保育者のＡ児への対応も変わるのではないだろうか。

　このエピソードで，Ａ児の鬱々とした思いを受け止める役割を果たしているのが園長である。トラブルがあると，保育者としてはすぐに子どもに謝ることを求めることがある。だが，事例12−1で，園長は，「Ｄくん痛いって泣いてたよ。チューリップも痛いようって言ってるよ。おうちに戻してあげようか」とだけ伝え，特に叱らず，「謝っておいで」とも言っていない。だが，Ａ児は園長の言葉を素直に受け止め，チューリップに土を掛け，自ら顔をひっかいた

D児に謝っていることからも，A児自身，自分がやったことはいけないことなのだとわかっているといえよう。これは，行動の裏側にあるA児の思いを園長が受け止めてくれたことで，自ら謝るという行為をしたことがうかがえる。

（3）困った子どもの行動を読み解く

困った子どもを理解するためにはどのような視点があるか考えてみよう。例えば，佐藤らは，子ども理解に必要な視点として，① 外面的理解（子どもの観察可能な外面的事実），② 内面的理解（幼児の内面や心情に関しての推察），③ 背景（幼児の背景にある事情等）に着目すること，をあげている[5]。つまり，保育者は，子どもが示す外面的な特徴だけでなく，子どもの心情や子どもの背景にある事情を含めて網羅的にとらえていくことが求められよう。

また，鯨岡は「保育する営みは"養護の働き"と"教育の働き"を一体として子どもに振り向ける営みである[6]」と述べている。養護の働きとは，保育者（大人）の子どもの存在を尊重する姿勢，愛しているという思い，大事だと思っている思いを総称したものであり，教育の働きとは，色々なことを身に付けてほしいと願って，様々な働き掛けをする。この2つの働きを踏まえた上で，子どものありのままを肯定することが重要であることををを示唆している。

A児の場合，A児の発達や家庭環境等の背景を考慮し，A児の行動を見守り[*1]，時には直接的な介入も試みながら，A児の内面や心情を推察していくことが必要である。また保育者は，A児の存在を尊重し「あなたのことを大切に思っている」ことを伝えながら，保育者の願いを伝えていくことも望まれる。

（4）次の日の保育へどうつなげていくか

保育者はまず，A児の思い（自分の思いをうまく言葉や態度で表すことができず，周囲が困ってしまうようないたずらをしたり，友だちに乱暴したりすることで自分の思いを伝えようとしていたこと）を理解することが肝要である。子どもの行動が気になったときは，まず，子どもが何を求めているのかを，子どもの目線に立って考え，必要な配慮を考えることが重要である。

保育者は，A児の困った行動を否定せず，まず共感的に受け止め，信頼関係を築きながら，A児がよい行動を自らへと結び付けていくことが必要である。よって，保育者は，なぜA児に対して困ったと感じたのかを自身の保育観を見直しながら，A児に対する意識を変えていくことが，A児の行動も変わっていく可能性があるといえよう。

5）佐藤有香・相良順子「保育者における幼児理解の視点」こども教育宝仙大学紀要，(5)，2014，pp.29-36.

6）鯨岡 峻『子どもの心の育ちをエピソードで描く』ミネルヴァ書房，2013，pp.22-61.

*1　見守る
「幼児みずからが主体的にくりひろげる姿にあたたかい心を寄せながらも，保育者の指示を最小限にとどめ幼児1人ひとりの成長のようすをとらえる援助の在り方」である。
森上史郎・柏女霊峰編『保育用語辞典〔第6版〕』ミネルヴァ書房，2011，p.105.

3　困った子どもを理解する視点

　次のエピソードのE児とF児は，年少・年中時まで仲のよい友だちはおらず，友だちとの関係も一方通行で，自分の思い通りにならないと，それぞれ，友だちを叩いたり，怒りや泣き等のネガティブな感情を表出したりすることがあった。この2人の子どもの3年間の園生活を通して「困った子ども」の行動をどのようにとらえ，理解していったらよいのかを考えていこう。

事例12－2　年少・年中の頃のE児とF児

E児

　年少から年中の中盤までのE児は，常に「面白そうなことはないかな」と，アンテナを張り，興味があるとすぐにその場へ行っていた。そのため，一つのことに集中して遊ぶというよりも，常に場所を変えることが多かった。「やりたい」ことを見つけると，それを即行動に移していた。例えば，ブランコに乗りたいと思うと，誰が乗っていても関係なく乗っている子を突き飛ばしてでも自分が乗ってしまう。そのため，トラブルが絶えず，保育者も目を離すことができなかった。保育者は何かあるたびに「どうして約束守れないの」と叱責することが多かったが，E児は叱られても，「ごめんね」と捨て台詞をはいてどこかへ行ってしまうため，保育者はどう関わったらよいか悩んでいた。

F児

　F児の年少時は，特に友だちを意識することがあまり見られず，1人で静かに工作や絵を描くこと等が多かった。F児の場合，自分のやりたいことが保障されていると，特技の工作に集中して取り組み，周囲があっと驚くようなものを創り出していた。しかし，自分がやっていることがじゃまをされたと思うと噛みつくことがあり目を離せないこともあった。一度，自分のおもちゃを取られてしまい，カッとなって相手のホッペにガブリと噛みついたことから，子どもだけでなく，保護者もF児を「噛みつく子＝危険」と，認識するようになった。そのため，補助の保育者が常に付き添って「噛む」前に止めるようになった。

　年中になると，友だちが遊んでいるところに入っていくようになるが，一緒に遊ぶというよりも，その遊びを1人でしていた。保育者は，F児の行動に合わせて言葉〔「一緒にやってみたら」や「（仲間に）入れてって言ってみたら」〕を添えていたこともあり，仲間に入ることも増えてはきたが，仲間に入りつつも交流ではなく，一方通行で遊んでいたように見えた。

（1）保育者の理解と援助

　年少・年中での担任は，E児とF児をどのように理解してよいのか，あるいは，どのように関わったらよいのか困り感を感じていたことから，2人がなぜ

このような行動をとるのかを彼らの行動や表情だけでなく，家庭の在り方や心の発達の度合い等から多面的に理解しようと試みていた。

　子どもの行動はネガティブなものであれ，ポジティブなものであれ，必ずそこに意味があり，保育者はただ叱ったり，褒めたりするだけでなく，その行動の内面に隠れている意味（原因や理由）を探る必要がある。E児とF児の場合も，"攻撃行動"が年少から続いているため，「発達的に問題があるのではないか」，「家庭での様子はどうなのだろうか」と，原因を追求していた。だが，そのことが逆に，E児とF児を「乱暴な子」「友だちと遊ぶことができない子」「発達に問題がある」という目で見てしまい，その部分をなくすことを重視し，なくすことが成長につながると考えてしまうことにもなる。

　例えば，E児の場合，ブランコに乗っている子を「突き飛ばす」ことは，なかなか代わってくれないことへの苛立ちをE児なりに表現していただけだったのかもしれない。しかし，このような行為も「待つことができない」「人の気持ちを理解できない（自分がされたらどういう気持ちなのかを考えられない）」等と発達の問題にすり替えてしまうことがある。もちろん，そうした見方も必要な場合もあるが，この場合，ただE児に「Eちゃんも乗りたかったんだね。一緒に頼んでみようか」と，共感的に寄り添うことで案外，E児も安心して待つようになっていくこともある。

　前節で述べたように，「困った行動」を逸脱とみなすのではなく，その子自身の「困っていること」としてとらえ直し，理解や支援の在り方を再考する必要がある。特に園生活は，同年代の集団の中で生活しており，そこでは必ずトラブルやいざこざが起こる。しかし，このトラブルを経験する中で他者を理解したり，適切な自己表現方法を習得したりする機会として[7]，子どもの困った行動を，人間関係の成長に必要な経験としてとらえ，理解し，支援していくことが必要である。

7) 無藤　隆・堀越紀香・丹羽さがの・古賀松香編著『子どもの理解と援助-育ち・学びをとらえて支える-』，光生館，2019，pp.59-70.

事例12-3　年長の頃のE児とF児

　E児とF児は，発達過程や性格において似ている面がある。年少・年中では，特に自分のネガティブな感情を調整することが難しく，集団生活の中で，自身で折り合いをつけられずにいた。この2人が年長で初めて同じクラスになって，不思議と意気投合し一緒に遊ぶようになり，互いに"親友"と認め合う中になっていった。保育者も，この2人の関係性を重視し支えていた。

年長2学期

　E児とF児は，一緒にミニハウスとそこに住む住人と必要な道具を作って遊んでいる。ある日F児が，「Eちゃん，この人（作った人形）に砂場で家作ってあげようよ」と提案する。E児は，「いいね」と提案に乗り，砂場で家を作り，紙の人形を砂山に立たせたり，ベッドがある部屋に

寝かせたりしている。ところが，突然，Ｆ児が「もう，だめって。なんで，そんなことするの」とＥ児に怒りだした。Ｅ児も「ぼくも作ったんだからいいじゃん」と，負けていない。２人の怒りは，マックスになっている。とうとうＥ児が勢いで人形の手をもぎ取ってしまった。思わずＦ児は，噛みつこうとするが自分で寸前のところで止める。Ｅ児はびっくりしながらも「ごめんね」と言うと，Ｆ児は，ケロッとして「いいよ」と答えていた。Ｆ児も「ごめんね」と謝る。その後，「Ｙ先生に仲直りしたよって言いに行こう」と言いながら，Ｙ先生のところまで走って行った。

年長３学期

あと２か月で卒園となったある日，Ｅ児とＦ児が砂場でダムを作っている。その近くでＧ児がＹ先生に，「先生，砂場で山作ろう」と誘っている。Ｙ先生は「Ｅちゃんたちも作ってるよ。一緒にやったら」と，提案した。そこでＧ児は「入れて」と，声を掛ける。２人とも「いいよ。今，ダム作ってるんだけど，水入れても決壊しちゃうんだよ。Ｇくん，どうしたらいい？」と相談している。Ｇ児が「それは大変だ。もう一回作り直そう」と言い，３人で作り直すことになった。意外と大変だということに気付いたＥ児は「ぼく，誰か探してくる」と応援を呼びに行く。３人ほど連れてきて，ダムづくりが再開する。「ここは，Ｇくんやって。水運ぶのＦちゃんね」とＥ児が指揮を取る。ようやく形ができ，水を流すとうまく流れて，ダムが完成した。

（２）友だちや保育者との関係性の中で育つもの

２人のケンカは非常に激しく，見ている周囲の子どもたちは，いつもハラハラしながら見守っている。しかし，２人は激しいケンカにもかかわらず，あっさり仲直りしてしまう。Ｆ児も年少の頃は，後先考えることなく噛みついていたが，年長になると自分の力で噛むことを我慢するようになっていた。保育者に止められたり，叱られたりしたから我慢するようにもなったのかもしれないが，友だち，特にＥ児との関係性の中で，相手の気持ちを考えよう，Ｅ児と仲よくしたいということを自分で考えられるようになってきたのだろう。

また，「ごめんね」「いいよ」は，機械的に謝っているようにも聞こえるが，このようなやり取りを通して折り合いを付け，気持ちを調整している。これまで人との関わりが一方通行であったＥ児とＦ児が，２人の関係性の中で，ケンカをして謝り，許し合い，また，互いを求め合っており，少しずつ相手の気持ちを考えられるようになっていった。このような一方通行ではないケンカが，他者の気持ちを理解し，自分の気持ちを律していく力を培っていく。担任保育者は，Ｅ児とＦ児がトラブルを起こした場合でも，その時点での２人の気持ちに寄り添い，話を聞きながらどうしたらよいかを共に考えていた。

３学期になると，Ｙ先生はＥ児とＦ児の遊びに入りつつも，他児を仲間に入

れ，2人だけの世界だけでなく，他の子どもとの関わりを意図的に作るように
していた。保育者の関わりをきっかけとして，E児とF児も2人だけで遊ぶだ
けでなく，他の友だちに自分から声を掛け，一緒に遊ぶ姿も見られるようにな
る。意見の食い違いや，思い通りにならないもどかしさを経験しながらも，他
児との気持ちを共感することで，子どもどうしで作られていくルールも守ろう
とするようになっていった。

（3）次の日の保育へどうつなげていくか

　年少・年中でのE児とF児は，担任保育者との折り合いが悪く，自分の気持
ちをなかなか理解してもらえないというもどかしさを経験している。一方で，
保育者も理解しようとしながらも，どうしてそんなことをしてしまうのだろう
かと，2人の行動をネガティブにとらえていた。保育者が子どもに対し，「ど
うしてそんなことをするのか」と，ネガティブに考える場合，子どもには保育
者の描く成長を求めがちである。例えば，F児が友だちを「噛む」という行為
は許されないことであり，「噛む」ことをやめさせるために叱り，「噛む」行為
が起こる前に止めようとしていた。子どものネガティブな行動にポジティブな
変化が生じると，保育者はその子どもに成長を感じる。だが，この場合，子ど
も自身が自分でやめようと思ってやめているというよりも，叱られるからやめ
ていることの方が多い。しかし，子ども自身は，保育者は自分のことをわかっ
てくれないという不安感があり，余計に自分の気持ちを伝えるためにやっては
いけないことを繰り返しやってしまう。

　保育者が，子どもに対して「困ったなあ」と感じながら接していると，その
子どもに接するときの態度や表情，言葉にもそれが表れてしまうことがある。
保育者が子どもの行動を否定的にとらえると，子どもはその保育者の気持ちを
敏感に感じ取ることもあるだろう。だからこそ，一人一人の子どもの育ちを支
えていくために，子どもに寄り添いながら，柔軟に，肯定的に受け止めていく
ことが必要である。時には，保育者の関わり方によって，子どもへの理解も常
に更新されていく可能性もあるため[8]，自身の子どもへの関わり方，考え方，
見方，保育観をも振り返りながら，子どもとの関わりを問い直していくことも
重要である。

8）　岡田たつみ「『私の
中のその子』とのかか
わり方」保育学研究，
43（2），2005，pp.187-
193.

4　まとめ

　本章では，保育者がとらえる「困った」子どもに視点を置き，「困った」子
どもの理解について考えてきた。ここで重要なことは，その子ども自身も「困

っている」ことを念頭に置いて理解し援助していくことである。保育者は，常
に，子どもが自己を発揮し，充実した園生活が送られるよう保育を営んでいる
が，時に，保育者は保育の中で，自分自身が「困った」子どもによって困って
いる（なぜ，友だちとうまく関わらないのか，友だちの気持ちをわかってあげられな
いのかと悩む等）ととらえることがある。だが常に，保育者は，子どもの最善
の利益を考慮し子どもに関わっていかなければならない。

　例えば，利根川は保育者や友だちも困ってしまうほど友だちとのいざこざが
多い子どもに着目し，その子ども自身が悲しい思いをしていることを共感的に
理解している[9]。しかし，その子どもが悲しい思いを経験することで，子ども
は，「自己を調整することを学び，周りの友だちの思いに気づくことを経験す
るようになる[9]」と述べている。そのためには，保育者の果たす役割や周りの
子どもの関わりが大きく影響していることを示唆している。つまり，子ども
は，友だちとのいざこざにおいて，傷つくことがあったとしても，対立する友
だちであっても自分を理解し，支えてくれていることを経験し，保育者が共感
的に自分のことをわかってくれていることを感じ，その理解や経験が自己を肯
定すること，自分自身も相手を理解し尊重することにつながっていくのである。

　山田は，保育者が子どもと関わる上で，考慮し，かつ目指すべき保育とし
て，次のことを述べている。例えば，「子どもが園の中で安心・安定して自分
らしく伸び伸びと楽しく生活することができる環境を作ること」「子ども一人
ひとりがかけがえのない存在であることを核にして，子どもは自分の人生の主
人公であり保育の主人公であることを保育の中心に据えること」「子どもの育
つ力を信じて個人や年齢にふさわしい保育を行うこと」「子どものネガティブ
に見える行動や言動であってもその子の内面の表現として受容し，子どもの立
場に立って共感的に理解して，子どもの心に応答していくこと」等である[10]。

　保育者が，子どもの「困った」行動を受容し，理解し，援助していくこと
は，その子どもだけでなく，周囲の子どもも，保育者自身も心の成長につなが
っていくのである。

9)　利根川彰博「幼稚園4歳児クラスにおける自己調整力の発達過程-担任としての1年間のエピソード記録からの検討-」保育学研究，51(1)，2013，pp.61-72.

10)　山田陽子「日常の保育における子どもの最善の利益を護る保育者の援助のあり方」保育学研究，54(3)，2016，pp.9-19.

🎈 演習課題

課題1：本章の事例を読み，自分が保育者であったらどのように関わるかを考えてみよう。

課題2：就学前施設での実習などで出会ったことのある「困った子ども」の姿を振り返り，エピソードに描き，子どもが何を思っていたのかを読み取り，保育者はどう関わっていったらよいか考えてみよう。

課題3：課題2で書いたエピソードをグループで読み合い，それぞれのエピソードの子どもの育ちや保育者はどう関わっていったらよいか話し合ってみよう。

● **参考文献**

水野智美「保育者が行う絵カード作成の誤りおよび不適切な使用方法の分類－指示カードの誤りに着目して－」，
　教材学研究，26巻，2015，pp.165-172.

小川圭子「就学前教育における発達障害児保育の現状と課題」梅花女子大学心理子ども学部紀要，4号，
　2013，pp.1-12.

コラム　　　　絵カード

　「絵カード」は，コミュニケーションを補助するために用いるイラストや写真のことで，指示カード，手順カード，スケジュールカード等がある。絵カードは，就学前施設においても，音声言語によるコミュニケーションに困難がある子どもに，保育者の指示を伝えることの手段（ツール）として用いられる場合がある。また，発達障害児の中には「視覚優位」という特徴があり，耳から言葉を聞いただけでは，何を言われているのかがわからないが，目で見てわかる手掛かりによって，意味を理解することもある。この絵カードは「日常生活の手順を覚えられない」「活動の切り替えがむずかしい」等の症状を示す自閉症スペクトラム児に対する支援として使われることも多い。確かに絵カードは，発達支援方法として有効であるとされている。

　だが，この絵カードは子どもと保育者との間に信頼関係があることが前提にあり，子どもが，少しでも生活しやすくなるための一方法であることを認識する必要がある。

　筆者は，ある園で保育観察をしていた時に，保育者が絵カードを使って子どもとコミュニケーションをとる場面に出会った。その保育者は，絵カードを子どもの目の前で作り，「今は，静かにします」と言葉と絵で伝えていた。筆者が，なぜ目の前で描いているのかと尋ねると，その保育者は，「絵カードを描いていると，じっと見てくれるし，こういう絵でもいい？　と了解を得ながら，子どもに伝える『遊び』みたいなものです」とのことであった。見ている子どもも保育者の絵を見て笑い，「Rかいて」と要求している。つまり，絵カードを通して，相互交流している。その保育者は，「発達障害のある子どもは視覚優先っていうのはわかるんですが，絵カードを使って，こちらの要求を一方的に伝えるって違和感がありました。でも，目の前で描いているうちに，発達支援っていうよりも遊びになってしまいました」と，絵カード作りと表示が，心と心を結び付ける遊びにもなることを教えてくれた。

絵カードの一例

第13章 地域・家庭との連携を理解する

保育者（幼稚園教諭・保育士・保育教諭をいう）の仕事は，子どもの保育のみならず，保護者への支援・地域との関係づくり等，多岐にわたる。また，保護者の子育て・地域の親子の子育てを専門的な立場から，細やかな心遣いや配慮をしながら支えていく力量が求められるようになってきた。本章では，2つの事例を通して乳幼児の存在を常に中心に置きながら，保護者，地域と共に健やかな子どもの育ちを支える体制づくりについて考えてみる。

1 保護者への子育て支援を理解する

保育者は，保育を通じて子どもの様子，姿を保護者に生き生きと伝え，共に子育てをしている思いを積極的に共有することが基本である。保育者と保護者がお互いに支え合い，協力し合って保育を進めていくことが，子どもを理解し，子どもの育ちを支えるためにも大切な視点になる。

1990年代頃から，少子化や核家族化が深刻になり，家庭教育機能の低下，育児不安等が社会問題になり始めた。また，きょうだいどうしの切磋琢磨や地域社会での交流等の人間関係が希薄になってきたこと，情報化社会の中で直接体験の機会も失われてきたこと等で，保護者の過干渉や過保護の傾向が増大していく状況がみられるようになった。

核家族化や情報化社会が進行する中で，保育者と保護者が子どもを育てる上での考え方の違い等，お互いが理解し合えず，悩みを抱えることも増えてきた。保育者は，多様な教育観・保育観をもつ保護者に対応しなければならず，保護者との関係が悩みの一つとなっていると考えられる。事実，保育実践において，保育者が保育の内容そのものについての悩みを感じるより，保護者との教育観・保育観，期待・願い等の相違によりコミュニケーションを図ることが

難しい例が多くみられるようになってきた。保護者の子育て意識も変化してきており，保育者はそれを的確に把握し，これまで以上に保護者と協力して保育することが求められているといえる。

　鈴木は，保育者と保護者の保育や子育て認識に「食い違い」が存在することを指摘しているが，「食い違い」を感じる者の割合は保育者に多いという結果を述べている[1]。さらに堀江は，保育者と保護者の「子育て認識の違い」について検討し，一般的な子育て観において，両者の多くは一致しているものの，相互の評価の点で食い違いが多く存在する。例えば，遊びでは，質問「親と保育者の『危ない遊び』は違う」に対して，保育者は賛同しており，保護者は賛同していない。また，保護者の自己評価「保護者としての自分の姿」と保育者からみた保護者像は異なっているが，保護者が評価する園や保育者の姿は保育者の自己評価と大きな食い違いはなかったことを明らかにしている[2]。

　保育の現場には多様なニーズが存在し，子育て支援の機能も多岐にわたるようになってきた。少子化により数少ない子どもを大切に育てようとする保護者の傾向と社会変容における価値観の変化は，保護者の我が子に対する期待を肥大化させている。

　一方，家庭での子育て環境の変化により，保護者が主体の子育てから就学前施設（幼稚園・保育所・認定こども園をいう）等の専門的な支援を受けながら，社会（地域）で育てる子育てに意識が変化している。

　保護者の価値観，子育て環境の変化を受けて，保育の現場では2つの役割（在園する保護者と子どもに対しては多様なニーズに応じた支援の提供，地域の家庭に対しては子育て支援）が求められている。

　以下に，保育者が保護者とともに子ども理解を軸に，保育・子育て支援を行うことの重要性を，事例を通して考えていきたい。

1) 鈴木佐喜子「保育者と親の子育て認識の相違に関する調査(1)」日本保育学会第51回大会論集，1998，pp.480-481.

2) 堀江まゆみ「保育者と親の子育て認識の相違に関する調査(2)」日本保育学会第51回大会論文集，1998，pp.482-483.

2　子どもの噛みつき行動への対応を通して

事例13-1　子どものけが―祖父から事情説明を求められた事例　1歳児クラス

　A児がB児に頬を噛まれた。B児が遊んでいた横のキッチンコーナーでA児も遊んでいた。B児のおもちゃが崩れた後，隣で遊んでいたA児のところへ行き頬を噛んだ。咄嗟のことでそばにいた保育者は止められなかった。A児は3日前にも腕を噛まれていた。

　その日のお迎えの際に双方の母親に対して，担当保育者はそれぞれ状況を説明し，噛むことを止められなかったことや，A児の母親には痛い思いをさせてしまったことについてお詫びをし

た。A児の母親は「また噛まれちゃったのね。さっさと逃げないからよ。もう大丈夫ですよ」と笑顔で受け答えをし，帰宅した。

　次の日，A児の母親から電話があり祖父がどうしても言いたいことがあるので，今から園に向かうということだった。母親，祖父，園長，担当保育者の4人で場を設けた。祖父は抑えてはいたが相当ご立腹で，また噛まれるようなことがあるなら退園すること，他の子も含め噛まれないようにB児を隔離するか，A児から目を離さずそばにいてほしい旨，訴えてこられた。

　母親は預かってもらっている手前，園に対してそれほど強く言わないことがある。しかし祖父に関しては，可愛い孫がけがをすること（今回の事例では女の子で顔に噛み跡がついたこと）は許せないことであったのだろう。保育の現場〔1歳児クラス16名の子どもに対し，保育者3名の配置（6：1対応）〕では，日々一生懸命対応をしていたが，祖父のそうした気持ちにも理解を示しつつ，B児が噛んだ事例を整理し，時間帯，直前の行動・遊び，朝の様子等，項目ごとに分析し，日々対応するように努めた。

（1）エピソードの背景

　A児：一人っ子，色白の女の子。母親はシングルマザー。登園は必ず母親，お迎えはたまに祖父母のこともあった。

　B児：3人きょうだいの末っ子，母親は第4子妊娠中。最近，特定の友だちに噛みつくことがあった。毎日のように母親は噛みついた相手の保護者にお詫びをし，保育者にもB児が噛みつかないように見ていてほしいとお願いする。

（2）B児の保護者への対応

　問題行動を行うということは，かまってほしいからというサインの可能性があるので，B児の母親に子どもの気持ちに応えてほしいということを伝える。ただし，母親が無理をして生活のバランスを崩してしまわないように配慮する必要がある。子どもが愛されているという実感がもてるような，具体的な方法を提案する。また，父親を子育てに巻き込む等，子どもの健やかな育ちのために何ができるのかを共に考える。

（3）子どもたちの行動の特徴，思いや願いに応じた対応

　A児が困った時には助けを求められるように，A児に丁寧な言葉で伝える。例えば，「今，嫌だったね」（気持ちを言語化する。先生は私のことを理解してくれているということがわかる），「先生は，すぐ助けに行くから教えてね」（具体的な手立てを得る），「嫌だよって，○○くんに教えてあげないとね」（不安・不満の感情の解消方法を具体的に伝える），「先生と一緒に行こうか」（寄り添ってくれるこ

とで安心感を得る）等の言葉掛けや対応を行う。

　またB児の保護者について，我が子が「情緒が不安定」ということが，保護者を心理的に追い詰める状況になるかもしれないと判断した場合は，園内だけでの共通理解としてとどめる。また，忙しさを理由に保護者が何も手立てをしようとしない，関係を改善しようとしない場合は，そのような状況であることを，園で把握した上で，保護者や子どもへの対応を行う。

（4）保護者に子どもを理解してもらうプロセス

　A児・B児の分析を行う上で「なぜ噛むのか？」「いつ噛むのか？」「どうして噛まれるのか」等，表層的な部分だけにとらわれず，目に見えない深層的な心の動きをとらえる。また，一人の保育者だけの判断ではなく，複数の情報を集め整理することが必要であり，それらの分析を通して，園での解釈を保護者に説明できるように努める。さらに，B児が今必要としている関わりを保護者に任せっきりにするのではなく，園でも引き続き丁寧な子ども理解に努め，保護者と共に子どもへの関わりを行っていく。

（5）保育や子育て支援を進める方向性

　保育者は，どのように子どもを理解し，どのような保育を大切にしているのかを保護者に具体的に伝えることが大切である。例えば，「トラブルは，人との関わりをもつためのキッカケだったのかもしれませんね」（その行為の目的を理解・把握し伝える），「園でもたくさん先生が関わり，間に入って他の子どもたちとの関わりがもてるように遊びを大切にみていきますね」（先生も助けてくれるのだということがわかり，子育てを先生たちだけに任せっきりにするのではなく，家でも人との関わりがもてる機会を増やそうという気持ちがおこるような言葉掛け）等，柔軟な対応が望まれる。

③ 登園を渋る子どもへの対応を通して

事例13-2　偏食，嘔吐，登園しぶりを繰り返す―ダブルケアの家庭を支える事例

　C児の父親は通勤に片道2時間近くかかる職場に勤め，出張も多い。小学生の兄，医療的ケアが必要な祖母と5人暮らし。専業主婦の母親は，祖母の介護や通院でほとんどの時間を過ごしている。1年ほど前に引っ越してきたばかりで，地域のこともよくわからず，他の親族は遠方で暮らしている。C児は1歳になって保育園に入園〔1，2歳児異年齢クラス18名の子どもに対し，保育

者4名の配置（6：1対応の保育者が3名，フリー保育士が1名）〕し，慣らし保育等は順調であったが，しばらくすると登園しぶりをするようになった。C児を保育園に送迎する間，医療機器をつけた祖母を長く一人で自宅に残しておくことができないのだが，泣いたり暴れたりして登園をしぶり「今日は行きたがらないので，園を休みます」という連絡が度々入るようになった。

　また，自宅では嘔吐することが増え，何度か受診もするが医師からは感染症や他の病気ではないと言われる。嘔吐の状況をよく聞くと，気に入らないことがあったときに大声で泣き叫んで，咳き込んで嘔吐に至る。その際，自分の指を喉に突っ込んでいることがあるとのことだった。園でも泣き叫んで，同様の仕草をすることがあった。そのときは保育者が「大丈夫，吐かなくてもわかるよ，大きな声で泣かなくてもわかるよ，抱っこしてほしい？　それなら『抱っこ』って言って（両腕を広げて）くれたらわかるよ」とできる限りしっかりとC児に寄り添った。

　祖母の体調も思わしくなく，緊急入院等も重なり，母親の心身の負担が増えつつあった。自宅にいても充分な栄養がとれない可能性，規則正しい生活が難しい等のC児の状況を考え，保健師と相談し，まずは祖母にケアマネジャーや訪問看護師，往診できる医師を探して介護の負担軽減を図ることとした。可能な範囲で保育者が「他児との散歩」の途中にC児を園まで送迎することとした。保育士が迎えに行くと，道中，抵抗することもあり，嘔吐することもあった。

　父親と母親は，ボランティアや園に頼ることを最初は遠慮して「なんとか自分たちでやれないか」と言った。しかし，祖母のケアマネジャーや訪問看護師，往診の医師，園の保育者や看護師も「介護も育児もこれから長く続くものだから，お母さんが倒れてしまう前に，助けてもらうチームを作りましょう」と何度も丁寧に声を掛け，家庭をサポートする社会資源をつなぐようにした。

（1）保育者による家庭訪問と地域との情報共有

　新しい土地に引っ越してきたばかりで，祖母の訪問介護等を一切利用せずに母親一人で育児と介護を担っていることを，父親・母親の2人ともが「専業主婦なのだから当たり前」と思っていた。歩けるようになったC児が靴を履いて公園に行ったことがないのも「仕方ない。3歳で幼稚園に行くまでは」とその日その日をやりくりすることだけで精一杯であった様子は，保育者が信頼を得て自宅へ何度が訪問するようになって明らかになった。園の保育者・看護師が聞き取った内容だけではなく，地域の保健師からも情報を得て，保育園として「Cくんは今どんな思いでいるのだろう？　できることはなんだろう」という議論を重ねた。「保育者が必要な時に家庭訪問することは必要で，えこひいきでもないし，不公平でもない。このままではネグレクトや虐待に発展する可能性もある」というマルトリートメント[*1]の防止を念頭に，地域との情報共有や園での食事内容への配慮等，C児への対応に検討を重ねた。後には了承を得

*1　マルトリートメント

　大人の子どもに対する身体的・性的・心理的虐待とネグレクトを包括的に指す。

て，祖母の往診医師（小児科と内科の医師）やケアマネジャーからも，父親・母親のケアや仕事に対する考えや思いを共有し，C児の園での振る舞いや保育者へのアンビバレントな要求を理解し，受け止めるように努めた。

（2）子どもの行動の特徴，思いや願いに応じた対応

　祖母は介護度が高く，短時間でもひとりにするのは難しく，介護者である母親は夜間も隣で付き添う等，慢性的な睡眠不足の状況であった。常に母親がC児と祖母の側にいたが，一人歩きができるようになると活動量や遊びの種類が増えるにつれて，医療機器を触って母親に叱られることも増え，葛藤場面が増えたことが推測できる。家族から十分な注意や保護，満足な食事や見通しの立つ生活リズム等が与えられない状況から，通園することで保育士と安定した愛着と生活リズムを形成し，一方で「なんでも自分の思うとおりの食事や活動」を与えてもらえなくても，理解や愛情を示すことで，1，2歳児の発達に合った人間関係の構築に努めた。

（3）保護者に子どもを理解してもらうプロセス

　まず保育者は，介護と育児のダブルケアについて父親・母親をねぎらい，今まで家族でやってきたことへの敬意を示すと同時に，子どもが両親の関心を引きたいと思っていることや，成長に必要なこと，両親を困らせる行動への対応について，送迎や困り事の相談の際，折に触れて積極的に話すことを心掛けた。

　何度も嘔吐したり偏食が強かったりするC児が「困った子」「わがままな子」「いましつけないと，将来やっていけなくなる」ということはなく，年齢相応の振る舞いであり，父親・母親として成長を信じて，年齢に合った対応をしてほしい旨も伝えた。

　送迎対応や母親の体調不良時に往診医師を園の職員が呼ぶ等，就学前施設としては踏み込んだ介入も行ったが，「Cくんの自宅での暮らしがもっと楽に楽しくなるように，そのために父親・母親も祖母も兄も，楽しいことが増えるように助けてもらう」という軸をぶらさず，地域の専門職やボランティアとチームとなって父母との信頼関係を築くことに努めた。

（4）保育や子育て支援を進める方向性

　園としてできる限りの援助を行い，しっかりと負担軽減を行う一方で，まずは，父親・母親にとっては耳が痛いことであっても「C児にとって必要なこと」や「きっぱり止めたほうがよいこと」は非難にならないように気を付けな

がら，率直に伝えるように努めた。

また，「次に同じようなことが起きたときにはどうするか」という計画を父親・母親や保健師と共に立てる等，地域の社会資源を積極的に活用して家族がセルフケアできる意思決定の支援を行った。

4 まとめと課題

　保育者が，子どもの育ちを保障するための保育を進める上で保護者の子どもに対する期待をとらえることは，重要なことである。保護者の子育てに対する期待がわかると，保育者はその思いを受け止め，保護者と信頼関係を築きながら，よりよい連携をもった保育が行える。同時に保育者の保育における目標・ねらいの意図が保護者に十分に伝わると，結果としてよりよい子育てにつながるといえるだろう。

　そのためには，保護者の期待をしっかりと受け止め，保育者の意図がしっかりと伝わっているような日頃のコミュニケーションと連携を常に積極的に図る姿勢を示すことが欠かせない。井口は，保護者と保育者の関係は，保育実践にとっては「周辺的な問題なのではなく，中心的な問題」であることを示し，「『親とのいい関係づくりは良質な保育の中心課題として職員同士や子どもの関係と同列』に扱われる必要がある[3]」と述べている。

　最後に，子ども理解を根底に置いた子育て支援の重要な視点，あるいは方向性に触れて結びとする。保育所保育指針によると，以下の2点は，常に省察して実践すべき子どもの理解を踏まえた子育て支援の真髄である。

① 保護者，保育者のニーズ，欲求を充たすことが優先され，子どもの「子どもの最善の利益を考慮し，その福祉を積極的に増進すること[4]」が軽視されていないだろうか。

② 子どもをひとりの人間として尊重し，人間の尊厳を重んじる心や行為を疎かにしていないだろうか。

3) 井口 均「保育活動における親−保育者関係づくりの検討」長崎大学教育学部紀要−教育科学−，2006，第70号，pp.49-58.

4) 厚生労働省『保育所保育指針』〔第1章 1 (1)〕2017.

演習課題

課題1：連携できる資源について調べてみよう。

課題2：様々な機関と連携した場合，それぞれの機関でどのような情報が得られるかを調べてみよう。

課題3：地域・家庭と連携しながら「子ども理解」を深める視点について話し合ってみよう。

コラム　　三重県名張市5歳児健康診査の取り組み

　母子保健法で定められた，市町村が実施する乳幼児健康診査（健診）は，1歳6カ月児健診，3歳児健診まではありますが，その後，小学校に入学するまでに公的な健診はありません。しかし，年々，子どもの発達に関する相談の需要が多くなってきました。そのため，全国の各自治体で5歳児健診を行うケースが増えています。名張市では，名張市子ども発達支援センターにおいて5歳児健診の取り組みを開始し，2011（平成23）年度にモデル園数園で実施した後，2012（平成24）年度から本格実施になりました。5歳児健診では集団生活へのなじみにくさや子どもの苦手なところを理解すること，支援の手立てを考え，就学に向けて，子どもの長所や得意なことを保護者や保育者と共に気付くことに重点を置いています。また子どもが自信を深める手助けを行うことや子どもへの理解や関わり方，一般の子育ての相談等，子育ての支援を行うことを目的としています。

　対象は，実施年度に満5歳（年中児）になる子ども〔① 名張市内の保育所（園）・幼稚園・認定こども園に通園，② 名張市在住で①以外〕です。5歳児健診の実施場所は，市内各保育所（園）・幼稚園・認定こども園といった，子どもが普段から慣れ，安心できる場所で実施されており，保護者が同行する必要がなく，受診できるのも利点だと考えられます。また，各園に1名いる発達支援コーディネーターが窓口となり，発達支援センターとの連携も十分に行われています。未就園の子どもについては，発達支援センターで5歳児健診を受診することとなっています。

　名張市には，毎年700人程の5歳児がおり，過去3年の受診率は98％〜99％となっています。多くの保護者に周知されているのは，名張市で実施される1歳6か月児健診・3歳6か月児健診の時点での啓発や各園の協力によるものだと考えられます。5歳児健診は，多くの専門職（保健師・保育者・心理職・教員・医師等）が連携して実施しています。そのため，子どもの見方，保護者に対する気付きについて，様々な専門的な視点から検討し，見立てることができるので，園だけでは支えきれないケースにも就学を見据えた対応が可能になります。

　これらの専門職は，5歳児健診後も継続してつながりをもち，サポートを続けていきます。そして，各園で行ってきたサポートから「こうすれば子どもが伸びた」，「この方法で対応すると，この子が安心した」等の支援のポイントを具体的に書き示して小学校につなぐためのものが「支援の移行シート」です。子どもと小学校の担任の先生が初めて会うまでに，小学校の担任の先生に目を通してもらいます。そのため，入学後すぐに小学校に慣れることができたという子どもも多くいるとのことです。この「支援の移行シート」は，保護者の承諾を得たものを小学校へ送っているため，小学校の個人懇談・家庭訪問の際，「支援の移行シート」を手元に置きながらお話する等，十分に活用されています。

第14章 就学前施設での子ども理解の深化と進化

　乳幼児期の保育は生涯にわたる人格形成の基礎を培う重要なものである。あらゆる就学前施設（幼稚園・保育所・認定こども園をいう）は，乳幼児期の保育・教育の一翼を担い，共通に定められた5領域の「ねらい」や「内容」を通じて，全ての子どもの乳幼児期の保育を保障しなければならない。保育者（幼稚園教諭・保育士・保育教諭をいう）には，現在の子どもが育とうとする潜在的可能性を広げる援助だけでなく，その後の育ちにつながる見通しをもった援助が求められる。このことを踏まえ，保育の実際から子ども理解の深化と進化の視点を示していく。

1 就学前施設における幼児期の教育と子ども理解

　津守は，子どもの一つの行為には，普遍的意味と，特定の子どものその場面の意味との両方があるとしている[1]。そして，その2つの側面から子どもの行為の本質に近づき，大人が応答するときに，子どもは自分自身の内なる課題に取り組むことができると述べている。このように，就学前施設の子どもは自分の思いや願いを共有し援助してくれる保育者に支えられ，自分の世界を広げていくとともに，環境との関わりにおいて主体性を発揮する。就学前施設は集団生活を営む場であるが，集団の中で子ども一人一人の発達が促され，その結果として仲間関係や集団としての関係性の発達がもたらされる。したがって，保育者は，子どもが何を感じ，何に興味をもち，何を実現しようとしているのか，その思いを子どもの行為と言葉から読み取る必要があるだろう。

　また，乳幼児期の保育は環境を通して行う教育が基本であり，子どもは遊びと生活の中で直接的・具体的な体験を通して，面白さや楽しさを感じながらひと・もの・ことに対する見方・考え方を身に付けていく。そのプロセスでは，

1）　津守 真『保育者の地平』ミネルヴァ書房，1997，pp.88-92.

主体性が発揮されるよう子どもの思いや願いを大切にしながらも，保育者は幼児期の学びが小学校以降の教育の基礎となるように支援していく。また子どもの興味・関心や遊びがもたらす直接的・具体的な体験が様々な学びへと展開するように学びをつくり出していくことも同時に必要である[2]。したがって，保育者が子どもの熱中している遊びや楽しみに埋め込まれている学びの本質を読み取ることは，子ども理解の重要な側面といえる。このような子ども理解から，保育者は子どもの発達に必要な経験とは何かを考え，適切な環境を構成し，その時々に必要な関わりをすることで，望ましい方向へと一人一人の子どもの発達を援助することができる。

2）文部科学省『幼児理解に基づいた評価』2019, pp. 2 -12.

2 子どもの言葉の意味を探る

　乳幼児期の子どものコミュニケーションスキルでは，自分の思いや考えを言葉を通して相手に伝えることは，発達の観点から難しいことがある。そのため保育者は，子どもが発した言葉の直接的な表現のみで子どもを理解せず，複数の観点から考えることで子どもの本質に迫ることができる。またその本質から，子どもの今の育ちを考え，適切な発達の援助や経験を見いだしていく必要がある。

事例12－1　ジュース屋さんやりたくない

　園庭で咲いている花が枯れて地面に落ちると，保育者はそれらを拾い集めておき，花をすりつぶして色水遊びができるように園庭にコーナーを作っておいた。すると，3歳児の子どもがコーナーに集まり，それぞれが黙々と色水を作り始めた。

　色水遊びに参加していた子どもが色水を作りあげた頃を見計らって，保育者はごっこ遊びに発展するようにと，色水遊びコーナーにいる子どもたちに「ジュース屋さんをしよう」と誘った。コーナーにいた子どもたちは保育者の誘いに乗りジュース屋さんをはじめたが，A児（3歳）は「ジュース屋さんやりたくない」と言って，ジュース屋さんに加わらなかった。

　それから数日間A児の色水遊びが続き，熱心に色水を作っては友だちや保育者に見せに行った。そのたびに，保育者はジュース屋さんに誘い掛けたが，A児は遊びに入ってこなかった。

　A児が色水遊びに没頭している傍らで，保育者はお金やメニュー表を作りジュース屋さんの場を発展させた。ジュース屋さんの場に看板が飾られ，色々なアイテムが増え，お店屋さんらしくなってくると

写真14－1　色水遊び

ジュース屋さんに子どもがたくさん集まるようになった。また，砂でケーキを作っている子どもがジュースを買って，砂で作ったケーキと一緒にパーティごっこを始める等，複数の遊びがつながってきた。すると，Ａ児もジュース屋さんに加わり，他の子どもと一緒になってジュースを売るようになった。

　この事例の最初の段階でＡ児はなぜ「ジュース屋さんやりたくない」と言ったのだろうか。また，しばらくたってＡ児がジュース屋さんに加わったのはなぜだろうか。その理由を「遊びの発展」と「イメージの共有」の２つの観点から考え，子ども理解を深めてみよう。

（1）子どもにとっての遊びの発展

　Ａ児はときおり道具の貸し借りをすることがあるものの一人で色水遊びをしていた。これは，一人遊び，あるいは平行遊びの状態といえる。保育者は色水をジュースに見立てることで見立て遊びへと変化させ，ジュース屋さんのイメージを複数の子どもが共有することで連合遊びといった相互交渉を生み出すことを遊びの発展ととらえていた。しかしＡ児にとっての遊びの発展は色水を見立てることではなく，色水を作ることそのものであったのかもしれない。

　園庭に咲くコロンマロウ，アサガオ，オシロイバナは，それぞれ異なる色を出し，水の分量によって濃さも異なってくる。このように，色水遊びに没頭し経験を繰り返すことで，子どもは色水を作り出すには規則性があることに気付いていく。また，ザルやすりこぎといった道具の使い方が巧みになることで，作りたいと思ったイメージ通りの色を出すことができるようになり，これまで作ったことのない別の色を出す

写真14−2　保育者の考えた遊びの発展
注）コップにお花を飾ったりジュースらしさを求めていた。

ためにはどうすればよいのかを考えることで，色水遊びが発展していく。このような自己実現はＡ児にとって自分を肯定的にとらえることにつながり，その承認を求めてでき上がった色水を友だちや保育者に見せて歩いていたのではないだろうか。Ａ児は数日掛けて色水遊びを遊び込み，満足感を得たことでジュース屋さん遊びへと切り替わったのかもしれない。

　ものを作る遊びでは，それを何かに見立てて遊ぶことが遊びの発展性だととらえることが多い。しかし，子どもの興味・関心は全て見立てにつながるとは限らない。保育者はその子どもにとっての遊びの発展とはどのようなものかを，子どもの興味の対象から考え，多様な遊びの発展を援助する必要がある。

（2）イメージ共有の難しさ

　ごっこ遊びの多くは日常生活の再現であり，子どもは既にもっている知識・イメージを使って遊ぶ。ジュース屋さんであれば，まずジュースが飲み物であり，どのようにして手に入れるものか，どんなときに飲むものか等，ジュースについての知識・イメージが必要である。また，ジュース屋さんというお店をテーマにして遊ぶのであれば，ジュース屋さんの登場人物と，登場人物の役割と行動についての知識・イメージが必要である。例えば，スーパーであれば，店員と客の役割があり，客は商品をカゴに入れ，レジに立ち，店員がレジを打ち，金額を伝えると，客が代金を支払うといった，買い物に関する役割ごとの定型的行動[3] について知っていることを使って遊びが進行する。このような知識・イメージは子どもの場合，自身の体験を通して獲得されるため，経験によって獲得している知識・イメージには違いが生じる。

　色水はペットボトルに入れることで実際のジュースとの類似性が高くなることから，色水をジュースに見立てることは比較的容易にできるだろう。しかし，「ジュース屋さんをしよう」という保育者の働き掛けだけで，子どもがテーマと登場人物の役割を理解することは必ずしも簡単なことではない。ジュース屋さんは3歳児にとってそれほどなじみのあるお店ではなく，買い物に関する全体像をイメージできなければ，ジュース屋さんとしてどのような行動を求められているのかがわからない。A児はこのような状態であったために，わからない遊びは「やりたくない」と言ったのかもしれない。

　保育者がジュース屋さんを発展させるために，看板，メニュー，お金が加わり，複数の子どもが集まってくるとA児は保育者の誘いがなくてもジュース屋さんに加わっている。これはジュース屋さんが盛り上がり楽しそうだっただけでなく，メニューとお金によって，ジュース屋さんにふさわしい定型的行動がしやすい場面ができ上がり，複数の子どもが繰り返し定型的行動をするのを見てA児が何をすればよいのかを理解できたことが関係していたとも考えられる。

　ごっこ遊びの援助は誘い掛けるだけでなく，テーマに必要な知識・イメージを獲得するあるいは確認する機会も同時に提供される必要がある。例えば，絵本を用いる方法もあるだろう。お店屋さんごっこであれば『おみせやさんでくださいな！*1』といった絵本から，お店屋さんには何が売られているのか，どのように陳列されているのか，お店屋さんに必要なものは何かを知ることができる。また，遊びに参加する子どもが一緒に絵本を見ることで，商品やお店の物的環境等に関する共通した知識・イメージをもつことができる。この共通した知識・イメージがあることで，ごっこ遊びを展開するために必要なイメー

3)　無藤　隆『幼児教育のデザイン』東京大学出版会，2013，pp.124-127.

*1　動物たちの町の「ふれあい商店街」にはたくさんのお店があり，それぞれのお店には商品が細かく描かれているので，お店ごとに何が売られているのか，絵からお店のイメージをつかむことができる。
　さいとうしのぶ作『おみせやさんでくださいな！』リーブル，2016.

ジの共有が容易になる。

　このような保育者の援助のもとで，子どもはお店に必要なものをつくる，商品を並べる等，子どもの力だけで遊びを発展させていく。遊びの援助では，必要な経験は何かを見いだし，足場づくりをすることで，子どもが主体的に遊ぶことができるよう発達を援助していくことが大切である。

*2　「ふよう」は，宮城教育大学附属幼稚園の略称。「ふよう」という言葉は園児にとって馴染みのある言葉であることからお金の単位として用いられた。

3　子ども一人一人の育ちを理解する

事例12-2　先生が言って

　B児は4歳児クラスに新たに転園してきた。3歳児クラスから入園している子どもは，これまでの人間関係を基盤としながら，新たな友だちを巻き込んで遊びを楽しんでいた。しかし，B児は他児との関わりがほとんどなく，保育者からの言葉掛けにも小さく応答していた。自由遊びの時間ではなかなか遊びが定まらず，園庭をうろうろしたり，保育者の周りをうろうろしたりしていた。ときおり他児の遊びをじっと見ているので，保育者が遊びに誘い掛けたり，他児が「何しているの？」と声を掛けても，B児は自分の思いを言葉にして伝えることができなかった。保育者が個別に対応するとB児は安心して保育者と遊ぶことができるが，保育者から離れず，友だちへの声掛けも「先生が言って」と保育者に頼るようになってしまった。

事例12-3　それぞれの育ちをつなげる

　いろいろな製作遊びをしたい子どもが集まっておもちゃ屋さんが始まった。しかし，今日の遊びの振り返りの時間，おもちゃ屋さんを始めたC児が，お客さんが少ないと話した。工夫したことを保育者が聞くと，C児は紙に「100000えん」と書き，近くにいた子どもに渡したが買い物に来なかったという。お金を渡されたD児は「お金がなんだかよくわからなかった」ことを伝えた。保育者がどうすればよいかクラスの子どもたちに問い掛けると，E児が「数えられるお金の方がよい」とアイデアを出した。そこで保育者は，お金はどこにあるのかを子どもたちに尋ねながら，おもちゃ屋さん等お店屋さんごっこで使うお金は銀行ごっこで作ること，お金は「1ふよう*2」単位にすることが決まった。

　保育者はB児（事例12-2）を銀行役に誘うと，B児は翌日から他児と銀行ごっこに参加し集中してお金を作りはじめた。銀行ができたことでC児らとは別のお店もでき，保育者は商店街作りへとクラスを1つのテーマの遊びに引き込んだ。お金ができあがるとB児は3歳児クラスへ行き，「お金がいる人は銀行に来てください」と伝えていた。B児が作っ

写真14-3　銀行ごっこ

たお金をもって３歳児クラスの子どもが買い物に来るようになると，４歳児クラスの子どもたちは年少児が喜びそうな商品は何かを考えて製作し，年少児の手を取って助ける姿が見られた。

　　事例12－２，12－３は保育者が４歳児クラスの子どものそれぞれの姿をとらえ，育ちを促すとともに，クラス集団としての一体感を生み出している。また，保育者は遊びを通して育ちの確認も行っていた。保育者の子ども理解から子どもの育ちを支える保育者の役割について考えてみよう。

（１）「わたし」と「みんな」を援助する

　　４歳児クラスから入園した子どもの中には，すでにできている子ども同士の関係に馴染むのに時間の掛かる子どもがいる。また，子ども同士の関係では，大人との関係のような配慮はしてもらえないことが多く，タイミングよく自分の思いを伝えることは難しい。一度，難しさを感じてしまうと，さらに言葉にできなくなってしまうこともある。集団の中で自分自身の存在を肯定的にとらえることができなくなると，遊びへの参加意欲も低下してしまう。保育者との１対１の関係で落ち着いたとしても，そのことがかえって仲間への関心を阻んでしまうこともある。B児が仲間に馴染むにはこのような背景や問題があると考えていた保育者は，既存の遊び集団ではなく新たな遊びに誘うことや，そのタイミングが必要だと考えていた。そこで，事例12－３にあるごっこ遊びが始まったことで，B児に銀行ごっこの役割を明確に与えることや，お金作りといった必ずしも言葉を用いなくても遊びの役割を遂行できるように工夫した。

　　何かの役割を得ることで生じた「わたしがやること」によって，集団の一人である「わたし」を認識することができるようになる。そして，その役割を遂行することは有能感につながる。このエピソードでは複数のお店屋さんができたことで，銀行役のB児の存在はクラス全体の遊びで重要な役割を担うことになった。そのことでB児は自信をもつことができ「お金がいる人は銀行に来てください」と言葉にして，他児にメッセージを伝えることができるようになったのだろう。このように，子どもの存在を保障するための子ども理解（この場合はB児への理解と援助）は，子どもが就学前施設において主体的に行動する上で最も重要であろう。

　　また，保育者は子どもが自己実現を果たせるように援助するが，その援助は直接的な関わりだけでなく，遊びの構成やクラス集団づくり等，間接的にも行われる。事例12－３でクラス集団全体がC児の発言に対し関心をもって話し合いができたことで，保育者はクラス全体の遊びへと変化する可能性を感じていた。その結果，おもちゃ屋さんは複数のお店からなるクラスの商店街となり，

３歳児をお客さんに呼ぶために「みんな」でつくりあげる遊びへと発展した。このように，保育者はクラス集団全体の興味・関心がどこに向いているのか，１つの遊びにまとまることができるのかといった子ども理解も大切にしたい。

（２）発達理解に基づく援助

　事例12－3でおもちゃ屋さん役のC児，お客さん役のD児はともにお店ではお金が必要だということは理解できていた。C児の作ったお金「100000えん」には数量としての意味はなく，C児はお金が行きかうことだけをイメージしていた。D児が「わからなかった」のは何についてだろうか。100000の数字が読めなかったという解釈もできるが，「100000の数量がわからない」，「いくらのものを売っているのかがわからない」という解釈もできる。このような場合には，D児は数量理解ができているからこそ，理解可能な正しい数ではなかったことを受け入れられなかった可能性も考えられる。E児の「数えられるお金の方がよい」という意見からも，数量理解のある子どもにとっては，ごっこ遊び場面に用いられるお金では，「渡す－渡される」の定型的行動よりも，具体的な数の操作の方が楽しいと感じるのだろう。そこで，事例12－3では，保育者はC児，D児それぞれの数量理解の状態を把握して適切な援助を考えていく必要があった。

　保育者は「１ふよう」単位にし，子どもが数を操作できるようにすることで，遊びを通して子どもの数の理解の発達状態や個人差を把握していた。D児，E児等，数について言及のあった子どもは，商品の値段を数量としてとらえることができ，どれだけのお金をもっていると買えるか，どれだけ足りないのかを計算することができていた。また，そのような理解に基づく考えを遊びの中で発揮できることを楽しんでいた。一方，数の理解に援助が必要な子どもに対しては「１ふよう」を使って遊びながら数量の感覚を育てていた。

　こうして数がわかりやすくなる，数に意識を向ける保育者の援助によって，お店屋さん役の子どもは商品を「何ふよう」にするか，価値付けを行うようになった。そして，子どもは商品の価値として，商品の大きさや，作る過程の大変さ等，物への意味付けを考えるようになった。そのことが商品に対する他児の興味を惹き付けたいといった活動意欲につながり，自分たちが作った商品を知ってもらうための方法を相談し，アピールポイントを書いたポスターを作る等の文字への関心や読む力，書く力へとつながっていった。このように，遊びに見られる子どもの言動には様々な育ちの芽が埋め込まれている。その芽を保育者が丁寧にとらえ，適切な援助をする環境の中で子どもはいきいきと育っていく。

乳幼児期の保育・教育において数の理解や数量感覚を身に付けることは「必要感」に基づいて行うことが重要である。領域「環境」には，「幼児が生き生きと数量や図形などに親しむことができるように環境を工夫し，援助していく必要がある[4]」と示されている。子どもが数を使って考え，数は便利なものだと気付くような体験を遊びの中で繰り返し経験することが，小学校以降の学びの土台となる。そのためには，数や文字等，領域ごとの発達をとらえた子ども理解によって，発達状態に応じた体験とその援助を遊びの中で積み重ね，様々な体験が学びへと広がるよう保育を工夫する必要がある。

4）　文部科学省『幼稚園教育要領解説』（第2章　第2節　3），2018.

4　保育の営みと子ども理解

子ども理解の基本は保育の営みの中で子どもを丁寧に観察することから始まる。何が子どもの心を惹き付けているのか，その対象を見取り，好奇心を出発点として子どもが自ら探究的な活動を始められるよう援助していく。そして，子どもの活動プロセスに保育者が関わりながら，子どもが何を実行し，考え，調べ，協働し，問題解決し，新しいことを学ぶのかをとらえていく[5]。

5）　白石淑江・水野恵子『スウェーデン保育の今：テーマ活動とドキュメンテーション』かもがわ出版，2013，pp.56-67.

このような子ども理解に関わる様々な読み取りは，子どもと一緒に活動している最中だけでなく，保育者が記録等を通して振り返って考えたり，子どもと一緒に話をしながら振り返ることも大切である。そのときの行為や言葉の意味をその前後の子どもの行為や言葉，他の子どもや保育者の行為と言葉，「もの」や「こと」との関わり等，複数の観点から丁寧にとらえることで，はじめて理解できることが多くあることも忘れてはならない。

就学前施設は子どもにとって生活を営む場である。子どもの思いは，日々の対象への取り組みや仲間との関わりを通して時間を掛けて形成されたり，意味付けされたりする。保育者は子どもがどのような時間の流れを経験しているのか，その過程にある体験や思いの変化に考えを及ばせながら，子どもを多様な視点から理解したいものである。

6）　文部科学省『幼稚園教育要領解説』（第1章　第4節　4），2018.
　厚生労働省『保育所保育指針解説』（第5章　1），2018.
　内閣府等『幼保連携型認定こども園教育・保育要領解説』（第1章　第2節　2）2018.

そして，子ども理解をもとに保育・教育を構想していても，実際に保育・教育を行うと保育者の予想を超えた子どもの姿が見られることもある。このようなよい意味での期待の裏切りこそ，乳幼児期の保育・教育の醍醐味といえる。

だからこそ保育者は，保育・教育の結果を振り返り，新たな子ども理解を深めながら，子どもに必要な経験を与えることができているか，育ちのねらいは子どもの実際にあっているか等，評価を通して，次のねらいを立てながら保育・教育の具体的な内容を考えていかなければならない。その繰り返しによって，保育者は子どもの思いや願いに応えることができるようになっていく。ま

た，複数の保育者がそれぞれの子どに対する考えや保育・教育の評価をもちよ
り話し合い，多面的な観点から子どもをとらえ直すことで，子ども理解を深め
ることができる。そこから，新たな課題を見出し，改善していくといった一連
の流れを就学前施設全体で組織的かつ計画的に取り組むことで就学前施設全体
の質の向上を目指していく必要がある[6]。

● 演習課題

課題1：A児の色水遊びは，どのようなことに関心が広がり，別の遊びへと発展する可能性がある
　　　か考えてみよう。

課題2：お店屋さんごっこ，銀行ごっこ等，子どもが楽しむごっこ遊びに必要な知識・イメージと
　　　して，どのようなものがあるか話し合ってみよう。

課題3：5歳児クラスで文字に関わる育ちを遊びを通して把握するには，どのようにしたらよいか
　　　考えてみよう。

コラム　　保育者は子どもの時間軸をとらえ，未来をつくる専門家

　子ども一人一人には日々様々な出来事があり，就学前施設の集団はこのような個別の生活の連続性が関連し合って形成されます。また，何ができるようになったのか，あるいは継続する困難さは何かといった，その子自身の発達の連続性は生活の内容に影響を及ぼします。このように複数の時間軸が絡み合って，今，この瞬間の子どもの思いや願いが生まれます。これを踏まえると，子どもの思いや願いは，たとえ表面上ネガティブなものであったとしても，子どもの全身から出た生きるエネルギーの表出であるといえるのではないでしょうか。だからこそ，保育者は子どもの行動の表面ではなく，その背景にある時間軸から子どもをとらえ，生活の連続性，発達の連続性を踏まえて，目の前の子どもを受け止めてあげることが大切だと思うのです。

　また，発達の援助は子どもの未来という時間に関わります。未来への道のりは一つとは限りません。その子自身の変化だけでなく，仲間の変化や集団の変化といった多様な要因によって形成されます。保育者が個と集団の関係性の中からその子にとって発達に必要な経験を考え，多様なアプローチを用いて援助するとき，子どもの未来への時間には期待感が生まれ，充実感を伴って進んでいくのでしょう。

写真14－4　子どもの思いと願い

おわりに

1　人は，自分以外の心情を理解することができるのか

（1）他者の感情を読み取る行為の日常性と暗黙化

　本書では，各章ごとにテーマを設定し，それぞれのテーマに沿い保育実践の中で子どもの心の在り様をとらえることの重要性を，事例を通じて明らかにしてきた。全ての章で，保育者（幼稚園教諭・保育士・保育教諭をいう）が子どもの心情に寄り添い，その思いを読み取ることでより質の高い保育を生み出す姿が示され，保育者が子どもの心情を理解できる存在として“当たり前”に描かれている。しかし，本当に保育者は子どもの気持ちを正しく理解していたのだろうか。ここでは，この前提について考えていきたい。

　そもそも，保育の分野にかぎらず，人が人の気持ちを理解することはコミュニケーションを円滑に行うために必要不可欠な資質・能力である。しかし，私たちはその重要性を認識することは難しい。なぜならば，人の気持ちを理解することは日常的な営みだからである。これまで関わってきた多くの人の気持ちを思い出してみてほしい。きっと，その時の他者の気持ちをどのように理解していたのか，はっきりと思い出すことは難しいだろう。私たちは生まれてから死ぬまで，異なる背景をもつ他者との関係性の中で生き続けていくことになる。そのような中で，他者の気持ちを理解することは，呼吸と同じように，日常的な営みとなり，常に経験しているために，その行為自体を認識することは難しい。人の気持ちを理解することは，暗黙化していくのである。

（2）自分の「他者への理解」に疑問をもつことの重要性

　暗黙化してしまうため，人の多くは他者の気持ちや思いを感じ取れることを“当たり前”に感じてしまう。今，自分の目の前にいるAさんがきっと“このような気持ち”でいることを当然のように受け止めてしまうのである。本当に，Aさんは“このような気持ち”なのだろうか。もしかしたら，“あのような気持ち”なのではないか，いやいや“どのような気持ち”なのだろうか，と自らが判断したAさんの気持ちに異論を抱いたり，疑問を呈したりすることは難しいのである。

　しかしこの暗黙化してしまうことは悪いことではない。マインズらは，大人が子どもの心の世界に目を向け，子どもを心をもった一人の人間としてとらえる特徴を『mind-mindedness』と概念化し[*1]，保護者が子どもの心の在り様に着目するこの『mind-mindedness』という特徴をもつことを示した。さらに，フォナジーらによると，保護者

がもつ『mind-mindedness』という特徴が，保護者と子どものアタッチメント（愛着形成）や子どもの心の理論の発達に直接的で促進的な影響を与えていることを示し，その重要性を示唆している[*2]。自分が日常的に行っている他者の心情への理解を意識化することを，保護者は自分の子どもに対して，子育てする中で自然に行い，それによって子どもとの安定的な関係を築いているのである。

　本書の実際のエピソードを通じて，保育実践において子どもの心情を理解する理論や方法を学ぶことができる。もしかすると，授業で読んだものの，内容を十分に理解できず，不安に思う人もいるだろう。しかし，それを不安に思う必要はない。本書の一番重要な役割は，読者であるあなたが日々の生活の中で多様な他者の心情を理解しながら生きているという認識を生み出す点にある。きっと，今，この「おわりに」を読んでいるあなたの心の中には十分その認識が生まれているだろう。

2　人は，自分の心情を他者に伝えることができるのか

（1）双方向的な相互行為としてのコミュニケーション

　前節では，他者の心情を理解することの重要性を示したが，子どもの気持ちを理解するだけでは，よい保育者になることは難しい。なぜならば，コミュニケーションは双方向的な相互行為であるからだ。下のピクトグラムの①を見て欲しい。2人の人がコミュニケーションする様子を単純な図として表現して欲しいと言われたとき，あなたならここに何を描き足すだろうか。例えば，②のように人と人の間に↔を描く人が多い。この表現はハズ

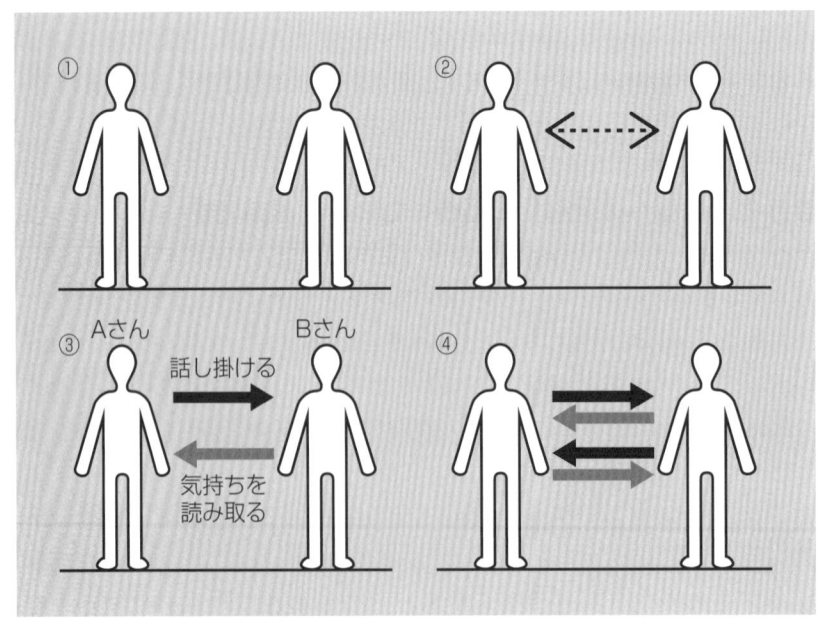

図1　相互行為としてのコミュニケーション

レではないものの，アタリではない。

　前節を読んだあなたなら既に理解していると思うが，③のようにAさんがBさんに話し掛けるとき，AさんはBさんに話しながら，Bさんの表情やふるまいという情動のシグナルを手掛かりに，Bさんの気持ちを読み取っている。さらに，BさんはAさんに対して，話し掛けながら，同時にその気持ちを読み取っているのである。つまり，人と人のコミュニケーションでは，④に示したように「話し掛ける（伝える）－気持ちを読み取る（理解する）」という営みが双方向的に，かつ相互に行われているのである。

（2）自分の気持ちを相手に伝える力を育む

　コミュニケーションとは，「伝えること」と「理解すること」という行為が双方向的に，かつ相互に行われていることを示した。つまり，相手の心情を理解することと，相手に自分の気持ちを伝えることが有機的に絡みあってコミュニケーションが成立しているのである。コミュニケーションを円滑に行うためには，他者の感情を理解するだけでなく，自分の気持ちや心情，感情が相手に適切に伝えることが求められるのである。

　はたして，私の感情を他者は適切に読み取ってくれているのだろうか。私の今の気持ちや心情を，いちいち関わった他者に聞くわけにもいかない。聞いてもいいのだが，そんなことを聞かれた他者が自分のことをどう思うかを考えれば，なかなかできることではない。誰かが教えてくれる訳でもないのだが，私たちは，成長していくにしたがって，自然に他者に対して自分の心情や感情を，表情や視線，ふるまい等の多くのシグナルを用いて伝える方法を身に付けていく。さらには，本当の自分の心情や感情を悟られないように，多くのシグナルを制御して他者との良好な関係を維持しようとする力や，自分の心情を強調しようと，過大なシグナルを使ったりする力等，その方略性も多様化させていく。

　他者の表情やふるまい，視線，発声等の様々な情動のシグナルを見たり，感じたりすることで，他者の気持ちを類推，予測することを心理学用語では「情動認知」，他者に自分の情動を伝えることを「情動表出」という。日々の生活の中で，子どもが表出する情動のシグナルを保護者が適切に理解し，適切に反応を返してあげることで，子どもは情動認知を高めていくと同時に，自らの情動表出の技法や方略を多様化させていくのである。つまり，情動表出を高めるためには，同時に情動認知の力も高める必要があるのである。

　本書を読んでくれたあなたには，是非，保育実践において子どもの姿から子どもの心情を理解する実践を積み重ねて

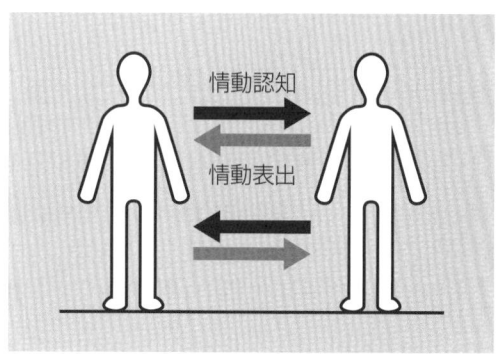

図2　情動認知の力を高める

いって欲しい。さらに，同時に，その実践の中で，自分の思いや心情を子どもに伝えて欲しい。きっと，その情動表出の経験が，あなたの情動認知の力を高め，その幅を広げてくれるだろう。

　近年，人がもつ能力やスキルを評価する際に，コンピテンスやコンピテンシーという言葉を用いることが多くなっている。コンピテンシーとは，その人がもつ能力やスキルそのものを評価するのではなく，もっている能力やスキルを用いてどのような結果を生み出すことができるのかに着目して評価する概念である。日常の保育実践という営みの中で，本書で培った「子ども理解」についてのスキルを用いて，実際に保育実践で子どもたちと関わりあうことによって，保育者としての子ども理解のコンピテンシーを高めていくことが可能となる。ぜひ，本書で培った知識やスキルを自らのコンピテンシーとしていって欲しい。

＊1　Meins, E., *Security of attachment and the social development of cogtlition*, East Sussex, UK: Psychology Press, 1997.

＊2　Fonagy, P., Redfern, S., Charman, T., The relationship between belief-desire reasoning and a projective measure of attachment security (SAT), *British Journal of Developmental Psychology*, 1997 Mar; 15, pp.51-61.

幼稚園教育要領（平成29年告示）

**第1章 総則 第4 指導計画の作成と幼児理解に基づ
いた評価**

1 指導計画の考え方

幼稚園教育は，幼児が自ら意欲をもって環境と関わ
ることによりつくり出される具体的な活動を通して，
その目標の達成を図るものである。

幼稚園においてはこのことを踏まえ，幼児期にふさ
わしい生活が展開され，適切な指導が行われるよう，
それぞれの幼稚園の教育課程に基づき，調和のとれた
組織的，発展的な指導計画を作成し，幼児の活動に沿
った柔軟な指導を行わなければならない。

2 指導計画の作成上の基本的事項

(1) 指導計画は，幼児の発達に即して一人一人の幼
児が幼児期にふさわしい生活を展開し，必要な体
験を得られるようにするために，具体的に作成す
るものとする。

(2) 指導計画の作成に当たっては，次に示すところ
により，具体的なねらい及び内容を明確に設定
し，適切な環境を構成することなどにより活動が
選択・展開されるようにするものとする。

ア 具体的なねらい及び内容は，幼稚園生活にお
ける幼児の発達の過程を見通し，幼児の生活の
連続性，季節の変化などを考慮して，幼児の興味
や関心，発達の実情などに応じて設定すること。

イ 環境は，具体的なねらいを達成するために適
切なものとなるように構成し，幼児が自らその
環境に関わることにより様々な活動を展開しつ
つ必要な体験を得られるようにすること。その
際，幼児の生活する姿や発想を大切にし，常に
その環境が適切なものとなるようにすること。

ウ 幼児の行う具体的な活動は，生活の流れの中
で様々に変化するものであることに留意し，幼
児が望ましい方向に向かって自ら活動を展開し
ていくことができるよう必要な援助をするこ
と。

その際，幼児の実態及び幼児を取り巻く状況の変化

などに即して指導の過程についての評価を適切に行
い，常に指導計画の改善を図るものとする。

3 指導計画の作成上の留意事項

指導計画の作成に当たっては，次の事項に留意する
ものとする。

(1) 長期的に発達を見通した年，学期，月などにわ
たる長期の指導計画やこれとの関連を保ちながら
より具体的な幼児の生活に即した週，日などの短
期の指導計画を作成し，適切な指導が行われるよ
うにすること。特に，週，日などの短期の指導計
画については，幼児の生活のリズムに配慮し，幼
児の意識や興味の連続性のある活動が相互に関連
して幼稚園生活の自然な流れの中に組み込まれる
ようにすること。

(2) 幼児が様々な人やものとの関わりを通して，多
様な体験をし，心身の調和のとれた発達を促すよ
うにしていくこと。その際，幼児の発達に即して
主体的・対話的で深い学びが実現するようにする
とともに，心を動かされる体験が次の活動を生み
出すことを考慮し，一つ一つの体験が相互に結び
付き，幼稚園生活が充実するようにすること。

(3) 言語に関する能力の発達と思考力等の発達が関
連していることを踏まえ，幼稚園生活全体を通し
て，幼児の発達を踏まえた言語環境を整え，言語
活動の充実を図ること。

(4) 幼児が次の活動への期待や意欲をもつことがで
きるよう，幼児の実態を踏まえながら，教師や他
の幼児と共に遊びや生活の中で見通しをもった
り，振り返ったりするよう工夫すること。

(5) 行事の指導に当たっては，幼稚園生活の自然の
流れの中で生活に変化や潤いを与え，幼児が主体
的に楽しく活動できるようにすること。なお，そ
れぞれの行事についてはその教育的価値を十分検
討し，適切なものを精選し，幼児の負担にならな
いようにすること。

(6) 幼児期は直接的な体験が重要であることを踏ま
え，視聴覚教材やコンピュータなど情報機器を活

用する際には，幼稚園生活では得難い体験を補完するなど，幼児の体験との関連を考慮すること。

(7)　幼児の主体的な活動を促すためには，教師が多様な関わりをもつことが重要であることを踏まえ，教師は，理解者，共同作業者など様々な役割を果たし，幼児の発達に必要な豊かな体験が得られるよう，活動の場面に応じて，適切な指導を行うようにすること。

(8)　幼児の行う活動は，個人，グループ，学級全体などで多様に展開されるものであることを踏まえ，幼稚園全体の教師による協力体制を作りながら，一人一人の幼児が興味や欲求を十分に満足させるよう適切な援助を行うようにすること。

　4　幼児理解に基づいた評価の実施

幼児一人一人の発達の理解に基づいた評価の実施に当たっては，次の事項に配慮するものとする。

(1)　指導の過程を振り返りながら幼児の理解を進め，幼児一人一人のよさや可能性などを把握し，指導の改善に生かすようにすること。その際，他の幼児との比較や一定の基準に対する達成度についての評定によって捉えるものではないことに留意すること。

(2)　評価の妥当性や信頼性が高められるよう創意工夫を行い，組織的かつ計画的な取組を推進するとともに，次年度又は小学校等にその内容が適切に引き継がれるようにすること。

保育所保育指針（平成29年告示）
第1章 総則　3 保育の計画及び評価

(3)　指導計画の展開

指導計画に基づく保育の実施に当たっては，次の事項に留意しなければならない。

ア　施設長，保育士など，全職員による適切な役割分担と協力体制を整えること。

イ　子どもが行う具体的な活動は，生活の中で様々に変化することに留意して，子どもが望ましい方向に向かって自ら活動を展開できるよう必要な援助を行うこと。

ウ　子どもの主体的な活動を促すためには，保育士等が多様な関わりをもつことが重要であることを踏まえ，子どもの情緒の安定や発達に必要な豊かな体験が得られるよう援助すること。

エ　保育士等は，子どもの実態や子どもを取り巻く状況の変化などに即して保育の過程を記録するとともに，これらを踏まえ，指導計画に基づく保育の内容の見直しを行い，改善を図ること。

(4)　保育内容等の評価

ア　保育士等の自己評価

(ア)　保育士等は，保育の計画や保育の記録を通して，自らの保育実践を振り返り，自己評価することを通して，その専門性の向上や保育実践の改善に努めなければならない。

(イ)　保育士等による自己評価に当たっては，子どもの活動内容やその結果だけでなく，子どもの心の育ちや意欲，取り組む過程などにも十分配慮するよう留意すること。

(ウ)　保育士等は，自己評価における自らの保育実践の振り返りや職員相互の話し合い等を通じて，専門性の向上及び保育の質の向上のための課題を明確にするとともに，保育所全体の保育の内容に関する認識を深めること。

イ　保育所の自己評価

(ア)　保育所は，保育の質の向上を図るため，保育の計画の展開や保育士等の自己評価を踏まえ，当該保育所の保育の内容等について，自ら評価を行い，その結果を公表するよう努めなければならない。

(イ)　保育所が自己評価を行うに当たっては，地域の実情や保育所の実態に即して，適切に評価の観点や項目等を設定し，全職員による共通理解をもって取り組むよう留意すること。

(ウ)　設備運営基準第36条の趣旨を踏まえ，保育の内容等の評価に関し，保護者及び地域住民等の意見を聴くことが望ましいこと。

(5)　評価を踏まえた計画の改善

ア　保育所は，評価の結果を踏まえ，当該保育所の保育の内容等の改善を図ること。

イ　保育の計画に基づく保育，保育の内容の評価及びこれに基づく改善という一連の取組により，保育の質の向上が図られるよう，全職員が共通理解をもって取り組むことに留意すること。

幼保連携型認定こども園教育・保育要領（平成29年告示）
第1章 総則　第2 教育及び保育の内容並びに子育て支援等に関する全体的な計画等　2 指導計画の作成と園児の理解に基づいた評価

(4)　園児の理解に基づいた評価の実施

園児一人一人の発達の理解に基づいた評価の実施に当たっては，次の事項に配慮するものとする。

ア　指導の過程を振り返りながら園児の理解を進め，園児一人一人のよさや可能性などを把握し，指導の改善に生かすようにすること。その際，他の園児との比較や一定の基準に対する達成度についての評定によって捉えるものではないことに留意すること。

イ　評価の妥当性や信頼性が高められるよう創意工夫を行い，組織的かつ計画的な取組を推進するとともに，次年度又は小学校等にその内容が適切に引き継がれるようにすること。

幼稚園及び特別支援学校幼稚部における指導要録の改善について（通知）

（29文科初第1814号　平成30年3月30日）

1　幼稚園等における評価の基本的な考え方

略

2　指導要録の改善の要旨

「指導上参考となる事項」について，これまでの記入の考え方を引き継ぐとともに，最終学年の記入に当たっては，特に小学校等における児童の指導に生かされるよう，「幼児期の終わりまでに育ってほしい姿」を活用して幼児に育まれている資質・能力を捉え，指導の過程と育ちつつある姿を分かりやすく記入することに留意するよう追記したこと。このことを踏まえ，様式の参考例を見直したこと。

3　実施時期

この通知を踏まえた指導要録の作成は，平成30年度から実施すること。なお，平成30年度に新たに入園，入学（転入園，転入学含む。），進級する幼児のために指導要録の様式を用意している場合には様式についてはこの限りではないこと。

この通知を踏まえた指導要録を作成する場合，既に在園，在学している幼児の指導要録については，従前の指導要録に記載された事項を転記する必要はなく，この通知を踏まえて作成された指導要録と併せて保存すること。

4　取扱い上の注意

⑴　指導要録の作成，送付及び保存については，学校教育法施行規則（昭和22年文部省令第11号）第24条及び第28条の規定によること。なお，同施行規則第24条第2項により小学校等の進学先に指導要録の抄本又は写しを送付しなければならないことに留意すること。

⑵　指導要録の記載事項に基づいて外部への証明等を作成する場合には，その目的に応じて必要な事項だけを記載するよう注意すること。

⑶　配偶者からの暴力の被害者と同居する幼児については，転園した幼児の指導要録の記述を通じて転園先，転学先の名称や所在地等の情報が配偶者（加害者）に伝わることが懸念される場合がある。このような特別の事情がある場合には，平成21年7月13日付け21生参学第7号「配偶者からの暴力の被害者の子どもの就学について（通知）」を参考に，関係機関等との連携を図りながら，適切に情報を取り扱うこと。

⑷　評価の妥当性や信頼性を高めるとともに，教師の負担感の軽減を図るため，情報の適切な管理を図りつつ，情報通信技術の活用により指導要録等に係る事務の改善を検討することも重要であること。なお，法令に基づく文書である指導要録について，書面の作成，保存，送付を情報通信技術を活用して行うことは，現行の制度上も可能であること。

⑸　別添資料1及び2（様式の参考例）の用紙や文字の大きさ等については，各設置者等の判断で適宜工夫できること。

5　幼稚園型認定こども園における取扱い上の注意

幼稚園型認定こども園においては，「幼保連携型認定こども園園児指導要録の改善及び認定こども園こども要録の作成等に関する留意事項等について（通知）」（平成30年3月30日付け府子本第315号・29初幼教第17号・子保発0330第3号）を踏まえ，認定こども園こども要録の作成を行うこと。なお，幼稚園幼児指導要録を作成することも可能であること。

幼稚園幼児指導要録（指導に関する記録）

ふりがな			指導の重点等	令和　年度	令和　年度	令和　年度
氏名		年　　　月　　　日生		（学年の重点）	（学年の重点）	（学年の重点）
性別				（個人の重点）	（個人の重点）	（個人の重点）
ねらい（発達を捉える視点）			指導上参考となる事項			
健康	明るく伸び伸びと行動し，充実感を味わう。					
	自分の体を十分に動かし，進んで運動しようとする。					
	健康，安全な生活に必要な習慣や態度を身に付け，見通しをもって行動する。					
人間関係	幼稚園生活を楽しみ，自分の力で行動することの充実感を味わう。					
	身近な人と親しみ，関わりを深め，工夫したり，協力したりして一緒に活動する楽しさを味わい，愛情や信頼感をもつ。					
	社会生活における望ましい習慣や態度を身に付ける。					
環境	身近な環境に親しみ，自然と触れ合う中で様々な事象に興味や関心をもつ。					
	身近な環境に自分から関わり，発見を楽しんだり，考えたりし，それを生活に取り入れようとする。					
	身近な事象を見たり，考えたり，扱ったりする中で，物の性質や数量，文字などに対する感覚を豊かにする。					
言葉	自分の気持ちを言葉で表現する楽しさを味わう。					
	人の言葉や話などをよく聞き，自分の経験したことや考えたことを話し，伝え合う喜びを味わう。					
	日常生活に必要な言葉が分かるようになるとともに，絵本や物語などに親しみ，言葉に対する感覚を豊かにし，先生や友達と心を通わせる。					
表現	いろいろなものの美しさなどに対する豊かな感性をもつ。					
	感じたことや考えたことを自分なりに表現して楽しむ。					
	生活の中でイメージを豊かにし，様々な表現を楽しむ。					

出欠状況		年度	年度	年度	備考			
	教育日数							
	出席日数							

保育所児童保育要録（保育に関する記録）

ふりがな		保育の過程と子どもの育ちに関する事項	最終年度に至るまでの育ちに関する事項
氏 名		（最終年度の重点）	
生年月日	年　　月　　日		
性 別		（個人の重点）	

ねらい （発達を捉える視点）		保育の過程と子どもの育ちに関する事項	最終年度に至るまでの育ちに関する事項
健康	明るく伸び伸びと行動し，充実感を味わう。	（保育の展開と子どもの育ち）	
	自分の体を十分に動かし，進んで運動しようとする。		
	健康，安全な生活に必要な習慣や態度を身に付け，見通しをもって行動する。		
人間関係	保育所の生活を楽しみ，自分の力で行動することの充実感を味わう。		
	身近な人と親しみ，関わりを深め，工夫したり，協力したりして一緒に活動する楽しさを味わい，愛情や信頼感をもつ。		
	社会生活における望ましい習慣や態度を身に付ける。		
環境	身近な環境に親しみ，自然と触れ合う中で様々な事象に興味や関心をもつ。		
	身近な環境に自分から関わり，発見を楽しんだり，考えたりし，それを生活に取り入れようとする。		
	身近な事象を見たり，考えたり，扱ったりする中で，物の性質や数量，文字などに対する感覚を豊かにする。		
言葉	自分の気持ちを言葉で表現する楽しさを味わう。		幼児期の終わりまでに育ってほしい姿 ※各項目の内容等については，別紙に示す「幼児期の終わりまでに育ってほしい姿について」を参照すること。
	人の言葉や話などをよく聞き，自分の経験したことや考えたことを話し，伝え合う喜びを味わう。		健康な心と体
	日常生活に必要な言葉が分かるようになるとともに，絵本や物語などに親しみ，言葉に対する感覚を豊かにし，保育士等や友達と心を通わせる。		自立心
			協同性
			道徳性・規範意識の芽生え
			社会生活との関わり
表現	いろいろなものの美しさなどに対する豊かな感性をもつ。		思考力の芽生え
			自然との関わり・生命尊重
	感じたことや考えたことを自分なりに表現して楽しむ。	（特に配慮すべき事項）	数量や図形，標識や文字などへの関心・感覚
			言葉による伝え合い
	生活の中でイメージを豊かにし，様々な表現を楽しむ。		豊かな感性と表現

● 索　引

●編著者　　　　　　　　　　　　　　　　　〔執筆分担〕

うえだ はるとも
上田敏丈　　名古屋市立大学大学院人間文化研究科　教授　　第1章

こうそかべ たく
香曽我部 琢　宮城教育大学教育学部　教授　　おわりに

●著者（五十音順）

いいじまのりこ
飯島典子　　宮城教育大学教育学部　准教授　　第14章

いとうえりこ
伊藤恵里子　千葉明徳短期大学保育創造学科　准教授　　第7章

うえむら あき
上村　晶　　桜花学園大学保育学部　教授　　第2章

えんどう あや
遠藤　綾　　軽井沢風越学園幼稚園　園長　　第6章

おぎわら
荻原はるみ　名古屋柳城女子大学こども学部　教授　　第5章

かつうらまひと
勝浦眞仁　　同志社女子大学現代社会学部　准教授　　第11章

かつの あいこ
勝野愛子　　同朋大学社会福祉学部　准教授　　第12章

ながい くみこ
永井久美子　帝塚山大学教育学部　准教授　　第13章

ながい やすと
永井靖人　　愛知みずほ短期大学生活学科　准教授　　第4章

なかむらしょうこ
中村聖子　　大倉山 元気の泉保育園　園長　　第9章

ふじた すみと
藤田清澄　　盛岡大学文学部　准教授　　第3章

みずたに あゆみ
水谷亜由美　岐阜聖徳学園大学教育学部　専任講師　　第10章

やまもといっせい
山本一成　　滋賀大学教育学部　准教授　　第6章

ゆざわみき
湯澤美紀　　ノートルダム清心女子大学人間生活学部　教授　　第8章

のじままゆみ（イラスト作成）

コンパス　子ども理解-エピソードから考える理論と援助-

2021年（令和3年）4月10日　初 版 発 行
2024年（令和6年）4月25日　第2刷発行

編著者　　上　田　敏　丈
　　　　　香 曽 我 部　琢

発行者　　筑　紫　和　男

発行所　　株式 建　帛　社
　　　　　会社 KENPAKUSHA

〒112-0011　東京都文京区千石4丁目2番15号
　　　　　　T E L （03）3944-2611
　　　　　　F A X （03）3946-4377
　　　　　　https://www.kenpakusha.co.jp/